Alfred Havlicek · Horst Friedrich Mayer

Österreich

Mit den Augen des Adlers

Wir danken allen, die am Zustandekommen dieses Buches beigetragen haben:

Den Kommandanten und Pilotenkameraden der Hubschrauberstaffel,
ferner Flugkapitän „Joe" Gattringer für seine
Mithilfe beim Zustandekommen der Luftbilder von Wien;
weiters Peter Furian und Georg Michael Thellmann für Konzept und
grafische Gestaltung dieses Buches und für viele gute Ratschläge.
Mag. Michael Hlatky und Dr. Hubert Christian Konrad vom Verlag STYRIA waren
verständnisvolle, geduldige Geburtshelfer.
Helene Tonninger und ihre Mitarbeiterinnen von der Stadtbücherei Bad Aussee
haben bei der Überprüfung von Daten und Fakten mitgeholfen,
Astrid Schwaiger hat die Reinschrift des Textes besorgt.
Staatswappen und Länderwappen wurden mit freundlicher Genehmigung
des Verlages Kremayr & Scheriau dem Buch „Die Symbole Österreichs"
von Peter Diem entnommen.

Alfred Havlicek
Dr. Horst Friedrich Mayer

1 Herbst in Ellmau (rechts)
am Fuße des Wilden Kaisers (T).

Alfred Havlicek · Horst Friedrich Mayer

Österreich

Mit den Augen des Adlers

Die Deutsche Bibliothek – CIP-Einheitsaufnahme

Österreich : mit den Augen des Adlers / Alfred Havlicek und Horst Friedrich Mayer. -
Graz ; Wien ; Köln : Verl. Styria, 2001
Engl. Ausg. u.d.T.: Österreich
ISBN 3-222-12848-0

Für sämtliche Luftaufnahmen im vorliegenden Buch:
Freigegeben vom BMLV
mit GZ 13.088/11-1.4/01

3. Auflage 2003
© 2001 Verlag Styria Graz Wien Köln
www.verlagstyria.com

Konzept, Umschlag, Layout und Gestaltung:
FURIAN Autoren- und Verlagsservice Peter Furian, Wien – www.furian.at
Umschlagbild Vorderseite: Seetaler Alpen, Saualpe und Karawanken (Steiermark/Kärnten)
Umschlagbild Rückseite: Stephansdom (Wien), Riegersburg (Steiermark), Schloss Ort (Oberösterreich)
Illustrationen: Georg M. Thellmann

Druck: Medienfabrik Graz / Steierm. Landesdruckerei GmbH
ISBN 3-222-12848-0

Vorwort

Bücher mit Aufnahmen von Österreich gibt es viele, aber „Österreich – Mit den Augen des Adlers" ist anders. Der Band enthält ausschließlich Luftbilder eines der besten heimischen Fotografen, des oftmals preisgekrönten und einmal mit dem Staatsmeistertitel ausgezeichneten Hubschrauberpiloten Alfred Havlicek. Er ist für das Österreichische Bundesheer, dessen Piloten eine Truppe von Weltklasse sind, Einsätze aller Art geflogen, wie sie der militärische Dienstablauf mit sich bringt, hat aber stets seine Kamera griffbereit gehabt. Hubschrauber fliegen meist viel niedriger als Flächenflugzeuge, aus dieser Höhe aufgenommene Lichtbilder unterscheiden sich schon deshalb von herkömmlichen Luftaufnahmen.

Havliceks über dem historischen Stadtzentrum von Wien gemachte Aufnahmen vermitteln auch dem Wien-Kenner viele unbekannte Einzelheiten, zumindest aber neue, ungewöhnliche Perspektiven. Lichtbilder Wiens aus dieser geringen Höhe sind selten, denn für das Überfliegen des Stadtgebietes gelten äußerst strenge Vorschriften, der Pilot braucht eine besondere Genehmigung, die Einhaltung der vorgegebenen Flughöhe wird auf dem Radargerät genau überwacht. Obwohl mir Alfred Havliceks Luft- und Flugbilder aus Publikationen des Bundesheeres längst vertraut waren, haben wir einander spät – während eines Österreich-Fluges per Hubschrauber – kennen gelernt, als ich das Vergnügen hatte, sein Passagier zu sein. Wieder getroffen haben wir uns dann vor wenigen Jahren auf einem Schiff, das von Feuerland aus mit Kurs auf den antarktischen Kontinent unterwegs war. Ich konnte ihn immer wieder während des Fotografierens beobachten und seine Konzentration auf das Wesentliche eines Bildausschnittes bewundern. Alfred Havlicek hat mir viel über den Zusammenhang zwischen Fliegen und Schauen erzählt, in den Gesprächen entstand und wuchs dann, nach unserer Rückkehr, die Idee zu diesem Buch.

Alfred Havlicek (links) und Horst Friedrich Mayer.

Alfred Havlicek mit Bundeskanzler Bruno Kreisky.

Fluggast Margaret Thatcher.

Sommer 1988: Der Papst besucht Österreich.

„Mit den Augen des Adlers" zeigt ein ganz neues Österreich, gesehen von einem Profi, der sein Fluggerät ebenso beherrscht wie die Kamera. Es war ein Vergnügen, mit ihm zusammen dieses Buch zu machen, wobei das Schwierigste für alle, die an dessen Entstehen Anteil haben, wohl die Auswahl der Bilder und Motive war. Es brauchte seine Zeit, bis aus einer fast nicht überschaubaren Fülle von Aufnahmen von hervorragender Qualität jene Bilder ausgesucht waren, die ins Buch aufgenommen wurden. Havliceks Erinnerungen an besondere Einsätze und prominente Passagiere wie Bruno Kreisky, der sich bei einem Gesäuse-Flug genau an die Wanderziele seiner Jugend erinnerte, oder an den Grund, warum ausgerechnet vom Händedruck des Papstes mit seinen Piloten kein Foto existiert, schließlich an seinen wahrscheinlich gefährlichsten Einsatz, die Bergung abgestürzter Bergsteiger aus der Pallavicini-Rinne am Großglockner, das alles ist der Stoff, aus dem spannende Bücher gemacht sind. Er wird wohl nicht herumkommen, alles niederzuschreiben, was er am Steuer des Hubschraubers erlebt hat. Im vorliegenden Buch freilich sind Havliceks Bilder die Stars. Keines dieser Bilder ist Routine, jedes Bild hat für den Fotografen seine ganz persönliche, manchmal tragische Geschichte, etwa das Bild einer teilweise vom aufsteigenden Nebel verdeckten Bergkirche im Kärntner Gurktal: Die Aufnahme war eben gemacht, Havlicek setzte gerade die Kamera ab, als sein Pilotenkamerad einen tödlichen Herzinfarkt erlitt. Aus Erzählungen wie dieser und vielen langen Gesprächen ist also dieses Buch geworden. Wir glauben, dass beim Lesen und Betrachten die Spannung zu spüren ist, die uns während der Arbeit gepackt hat. Ich freue mich, dass wir „Mit den Augen des Adlers" gemeinsam gemacht haben und danke Alfred Havlicek für vieles, was ich von ihm an Neuem erfahren habe ebenso wie für seine Geduld, mit der er meine Fragen stets freundlich zu beantworten wusste.

Im Frühjahr 2001   Horst Friedrich Mayer

2 Dachstein mit Gipfelkreuz (OÖ/St).

INHALT

3 Wald bei Kirchdorf (OÖ) im Frühling.

4 Winterlicher Wald bei Kirchdorf (OÖ).

Mit den Augen des Adlers

M it den Augen des Adlers heißt dieses Buch, weil es die Sicht des heimischen Wappentieres auf jenes Territorium zeigt, das es mit ausgebreiteten Flügeln und somit mit großem Imponiergehabe auf allen amtlichen Darstellungen zu schützen pflegt. Dieses wunderliche Tier, das uns je nach gerade geltender Staatsverfassung mit einem oder mit zwei Häuptern anblickt, ist eines der ältesten Lebewesen, die die Heraldik für ihre Zwecke einsetzt, und es steht durchaus nicht nur im Dienste unserer Gemeinschaft, sondern es ziert in seiner doppelköpfigen Variante, ausgestattet mit den jeweiligen nationalen Symbolen, auch die Fahnen und Wappen mehrerer ost- und südosteuropäischer Staaten. Aber der rot-weiß-rote Brustschild und die Symbole Mauerkrone, Sichel und Hammer (mit denen er schon seit 1919 ausgestattet ist), dazu – seit 1945 – die zerrissene Kette an beiden Fängen – das alles weist unseren Adler eben als echten Österreicher aus.

Seine Heimat ist eines der abwechslungsreichsten Länder Europas. Der Schriftsteller Erich Landgrebe hat das Territorium, in dem der Vogel lebt, so definiert: „Fast zwei Drittel seiner 84.000 Quadratkilometer werden anmutig und wild, majestätisch, feindselig, beschützend und schön von den Alpen eingenommen, die sich in großen Zügen hinstrecken: vom Bodensee bis zur Buckligen Welt ... Im Süden bilden die Karawanken die Klimascheide zwischen Mitteleuropa und Mittelmeer, und hier gibt es Gegenden, in denen eine Entfernung von ein paar Kilometern im Winter immer noch ein großes Hindernis bedeutet. In den abgeschiedenen Tälern haben sich Mundarten, Trachten und Lebensgewohnheiten am reinsten erhalten, schon nach wenigen Kilometern kann man einen anders gefärbten Dialekt hören.

Ein Zehntel der Landesfläche wird von den Ausläufern des Böhmerwaldes, von Waldviertel und Mühlviertel, eingenommen, knapp ein Drittel sind Alpenvorland, Wiener Becken und Pannonisches Tiefland, das mit Pu8taromantik und Ziehbrunnen weit ins Burgenland hineinreicht."

5 Traunviertel (OÖ)
Das fruchtbare Traunviertel (im Hintergrund der 1691 m hohe Traunstein) ist das Einzugsgebiet des Salzkammergutes und eine Aufschüttungszone der Alpenflüsse und Alpengletscher.

Die Landkartenzeichner der Barockzeit haben über ihren Meisterwerken oft einen Doppeladler abgebildet, das oben formulierte Vogelschaubild würde ihr republikanischer Cousin von heute erblicken, von einer idealisierten Position irgendwo aus lichten Himmelshöhen.

Was er da sieht, ist unser Österreich, heute Heimat von rund acht Millionen Menschen, die sich aber nicht nur als Österreicher, sondern auch als Wiener, Steirer, Tiroler usw. bezeichnen und somit Bewohner uralter, gewachsener historischer Räume sind, die wir heute Bundesländer nennen. Nur für die Burgenländer gilt das nicht, denn ihr Heimatland ist, verglichen mit den anderen Bundesländern, geradezu blutjung, weil erst 1921 aus den überwiegend deutschsprachigen Siedlungsgebieten Westungarns entstanden. Es sind also eigentlich diese Länder, die den Bundesstaat Österreich bilden, zu dem sie sich freiwillig zusammengefunden haben.

Der Historiker Willy Lorenz hat in seinem Buch „A.E.I.O.U. – Allen Ernstes Ist Österreich Unersetzlich" ein reizvolles Gedankenspiel angestellt, das es angesichts der aktuellen Diskussion um die Landtage der Bundesländer verdient, ins Gedächtnis gerufen zu werden: „Das heutige Österreich, offiziell eine demokratische Republik, ein Bundesstaat, sollte sich richtiger bezeichnen mit dem Titel ‚Die im Bundesrat vertretenen Herzogtümer und Länder'. Warum? Weil die einzigen politischen Realitäten, die es in Österreich gibt, die österreichischen Länder sind." Gebe es diese Länder nicht, so das Gedankenspiel weiter, dann gebe es heute auch Österreich nicht. Denn, so Lorenz, „als 1918 ... die Länder erklärten, sie könnten nun frei entscheiden, was mit ihnen geschehen solle, verfiel die ... Regierung Renner auf den genialen Gedanken, die einzelnen Länder Österreichs ‚einzuladen', Österreich beizutreten" (dabei habe man freilich vergessen, Niederösterreich auch einzuladen, wodurch dieses rechtlich eigentlich gar nicht zu Österreich gehöre). Und im Spätherbst 1945 seien es eben auch wieder diese Länder gewesen, die sich abermals zu Österreich zusammenschlossen. Und wer sich am Begriff „Herzogtümer" stößt, der sei daran erinnert, dass auch im republikanischen Österreich der Herzogshut ganz offiziell das steirische Pantherwappen schmückt und dass das Landeswappen am Salzburger Chiemseehof, dem Regierungssitz, ebenfalls eine Art Krone zeigt, einen „Fürstenhut", den schon die Erzbischöfe geführt haben, wie man auf der Mariensäule auf dem Domplatz sehen kann. Der Herzogshut krönt auch das Landeswappen von Oberösterreich, während Niederösterreichs Fünf-Adler-Wappen sogar eine Krone trägt, wenn auch nur eine Mauerkrone.

6 Ruine Aggstein (NÖ)
Die Ruine in der Wachau
aus ungewohnter Sicht.

„Mutig in die neuen Zeiten frei und gläubig sieh uns schreiten ...", dichtete Paula von Preradović die dritte Strophe der Bundeshymne, aber selbst patriotische Ermunterung lässt die Österreicher bekanntlich nicht mutiger in neue Zeiten schreiten, auch nicht ins dritte Kalenderjahrtausend, das immerhin auch schon das zweite der österreichischen Geschichte ist. Dabei ist es ihnen offenbar ziemlich gleichgültig, dass Österreich „einem starken Herzen gleich" (abermals ein Stück Bundeshymnen-Text) auf einmal wieder in der Mitte Europas liegt. Es ist heute müßig, nach den Chancen aus dieser Position zu fragen, die haben wir nämlich im letzten Jahrzehnt des 20. Jahrhunderts gründlich vertan, zumindest politisch. Vielleicht sind wir einmal zu oft mit erhobenem Finger dagestanden, um unseren Nachbarn zu erklären, was sie in unserem Interesse tun und lassen sollten.

Die Weltgeschichte gibt kaum je eine zweite Chance. Wir, die Österreicher, haben sie dennoch bekommen: Die bevorstehende Erweiterung der Europäischen Union gibt uns die Möglichkeit, uns den Nachbarländern, die als Folge von Gorbatschows Reformpolitik den Kommunismus loswerden konnten, als Konzentrationspunkt ihrer Interessen zu präsentieren. Dabei muss man ihnen wohl zugleich auch Tugenden vorleben, nach denen sich die Mitte Europas ausrichten könnte. In Budapest hat man diese Möglichkeit bereits erkannt und nützt sie, in Prag, Preßburg und Laibach allerdings ist man, auch aus beidseitigem Verschulden, noch nicht so weit. Aber man kann optimistisch sein und sagen: Je unwichtiger die europäischen Grenzen werden, desto schneller wachsen die alten Regionen wieder zusammen, steigt ihr Selbstbewusstsein, werden sie zum Gegengewicht allzu zentralistischer Europapolitik. Noch sind sich die Österreicher der Rolle, die sie dabei übernehmen können und sollen, nicht recht bewusst.

Die offizielle Politik gibt sich auch wenig Mühe, sie zu erklären, eine öffentliche Diskussion darüber hat (noch?) nicht stattgefunden. Einer, der diese Diskussion immer wieder reklamiert, ist Erhard Busek, wenn er etwa die geopolitische Aufgabe Österreichs gegenüber seinen Nachbarn so definiert: „Gerade diese Rolle war immer eine europäische Rolle. Vor allem eine des Geistes und der Kultur. Gerade in der jetzigen Umbruchsituation, der katastrophalen Situation der Geistes- und Sozialwissenschaften in unserer Nachbarschaft, ist eigentlich die Wissenschaft besonders gefordert ... Was ist Österreich? Österreich ist vor allem – um bei der Terminologie von Friedrich Heer zu bleiben – ein ‚Geisteskontinent'! Ein Kontinent, der Europa geprägt hat und daher auch bei der künftigen Gestaltung Europas ein Wörtchen mitzureden hat. Es sind die unzähligen vielen kulturellen Leistungen, die Österreich zu dem machen, was es heute ist: eine Kulturnation. Österreich nährt sich nicht aus Machtgefühlen und Nationalismus, sondern aus seiner Kultur." Dann hat der Standort Österreich also seine Berechtigung, nicht nur im wirtschaftlichen, sondern auch im geistigen Sinn.

7 Bergbauernhof bei Kufstein (T)
Der Herbst kommt früher als im Tal.

Heimat bist Du großer Söhne ..." (noch ein Zitat aus der Bundeshymne) – aber wo sind sie denn? Vor lauter Suche nach Identität bleiben acht Millionen Österreicher vor der Kirchturmperspektive stehen. Sagt man ihnen, eine dritte Chance zur Definition einer spezifisch österreichischen Position im größeren Europa werde es nicht geben, dann blicken sie erstaunt und fragend.

Der große österreichische Historiker Erich Zöllner hat kurz vor seinem Ableben in einer 1995 veröffentlichten Studie über den Österreichbegriff formuliert: „Sicher ist, dass die vielfältigen und schweren Gefahren unserer Zeit Toleranz und Aufgeschlossenheit der Österreicher ebenso wie der Angehörigen anderer Staaten und Völker verlangen. Was wir erleben, beweist, dass man davon noch weit entfernt ist, umso mehr sollten wir uns dafür einsetzen."

Thomas Bernhard freilich mochte an das Gute im Österreicher weniger glauben: „Der Österreicher ist tatsächlich der interessanteste Mensch von allen europäischen Menschen, denn er hat von allen anderen europäischen Menschen alles und seine Charakterschwäche dazu."

Dass angesichts der dem Österreicher hiemit bestätigten Untugend das gefiederte Wappentier kurz das sichtbare seiner beiden Augen zukniff und dabei leise mit den gesprengten Ketten klirrte, muss wohl eine Täuschung gewesen sein.

8 Hochreichensteinhaus (St)
Der Reichenstein, ein beliebter Kletterberg in der Nähe von Eisenerz, markiert den östlichen Ausgang des Gesäuses.

Folgende Doppelseite:

9 Gärtnerei in Raab im Innviertel (OÖ)
Die Natur als Designerin der Jahreszeiten.

10 „Mikado"
Wie ein Spiel: treibende Holzstämme im Wasser.

Wien

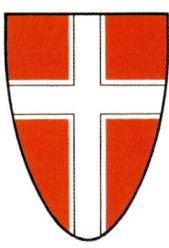

Die Stadt Wien mit ihren weit ausgebreiteten Vorstädten stellte sich mir als prächtiges Miniaturgemälde vor, und die weitläufigen, mit den schönsten Farben gezierten Landschaften zeigten meinem entzückten Auge das verführerischste und durch die angenehme Jahreszeit verschönerte Naturgemälde. Die ganze Erde schien mir eine künstlich gezeichnete Landkarte und die Flächen mit grünen Tapeten bedeckt zu sein."

Der Franzose Jean Pierre Blanchard war 1791 zwar nicht der erste Ballonfahrer, der Wien von oben betrachtete, aber er war der Erste, der seine Eindrücke und Beobachtungen zu Papier brachte und als Buch erscheinen ließ.

Die Residenzstadt Wien, wie Blanchard sie damals sah, ließ aus der Luft ihre mittelalterliche Anlage mit Mauern, Wällen und Festungstürmen noch genau erkennen. Und im Grunde genommen können wir das Wachstum der Stadt auch heute noch von oben genau feststellen: Zwar nicht mehr jene Kleinsiedlungen, die in der Jungsteinzeit an den Hängen des Wienerwaldes entstanden sind, aber schon die Anlagen der beiden römischen Garnisonsstädte lassen sich aus dem heutigem Straßen- und Gassenverlauf im Zentrum der Stadt deutlich verfolgen.

Schritt für Schritt legen die Archäologen das unterirdische Wien frei, und so verspüren uralte Mauerreste nach 2000 Jahren wieder die wärmende Kraft der Sonne.

Schon die Römer hatten das ganz alte Wien, das Lager Vindobona, zur Festungsstadt, ja sogar zum Kriegshafen gemacht, eine eigene Donauflottille sollte den nordöstlichen Grenzverlauf des Imperium Romanum sichern. Und eine Festungsstadt, die den regen Handelsverkehr auf der Donau sichern sollte, blieb Wien für lange Zeit. Die Ringstraße folgt heute noch dem Verlauf der unter dem Babenbergerherzog Leopold VI. vor bald 800 Jahren angelegten Stadtmauer, die man sich ungefähr entlang des inneren Randes der heutigen Prachtstraße vorstellen muss.

11 Stephansdom
Der Stephansdom ist eines der bedeutendsten Bauwerke der europäischen Hoch- und Spätgotik.
An den frühesten zum Teil erhalten gebliebenen Bau erinnern die beiden niedrigen „Heidentürme" an der Westfassade (aus dem 12. Jahrhundert).
Im Vordergrund links der „Hohe" Turm, das mächtige Steildach mit der charakteristischen bunten Ziegelmusterung und der unvollendete kuppelgedeckte „Adlerturm", in dem auch die „Pummerin" hängt, die regelmäßig zum Jahreswechsel und zu besonderen Anlässen geläutet wird.
Beim Wiederaufbau des 1945 durch Kriegseinwirkung schwer beschädigten Domes fanden sich alle neun Bundesländer zusammen. Das „Haas-Haus" (links) wurde 1985 bis 1990 nach Plänen von Hans Hollein errichtet. Die Umrisse der 1781 abgebrannten „Magdalenen-Kapelle" sind zwischen Dom und „Haas-Haus" durch andersfarbige Pflasterung markiert.

Der französische Ballonfahrer hat von oben schon die Ausdehnung der Stadt über ihre engen Gassen hinaus sehen können, denn nach dem Ende von rund 200 Jahren Türkennot begann der glanzvolle Aufstieg Wiens zur Barockstadt und zur Hauptstadt einer europäischen Großmacht. Stadtdarstellungen aus der Vogelperspektive wurden damals modern, halfen sie doch wenigstens der Phantasie, die engen mittelalterlichen Mauern zu überwinden, innerhalb derer die Spitzhacke Luft, Licht und Platz schuf für die eindrucksvollen Barockpaläste der großen Familien, die als treue Paladine die Nähe des Herrscherhauses in der Hauptstadt suchten, versprach diese Nähe doch Einfluss, Karriere und weiteren Aufstieg.

Aber nach wie vor standen die Mauern, die das Wien der Babenberger und der frühen Habsburger markierten, auch wenn die Festungsanlagen in friedlichen Zeiten angenehm gestaltete Erholungsbereiche waren, wo die Wiener Atem holen konnten, denn auch das Sanitärsystem, also die Abfluss- und Abwässeranlagen (aber auch die Trinkwasserversorgung), entsprach noch durchaus mittelalterlichen Vorstellungen und war keineswegs auf die schnell wachsende Bevölkerungszahl einer Haupt- und Residenzstadt ausgelegt. Offen gesagt, es roch meist nicht sehr gut, Krankheiten grassierten immer wieder – wer es sich leisten konnte, der zog hinaus „aufs Land", in die Vorstädte oder, noch ein Stück weiter, in den romantischen Wienerwald.

12 Neue Hofburg

Die Neue Hofburg (davor das Reiterstandbild des Prinzen Eugen von Anton Fernkorn, 1865 enthüllt) war oft eindrucksvolle Kulisse, vom Begräbnis Kaiser Franz Josephs über die Aufmärsche in der Ersten Republik, die Hitlerrede vom 15. März 1938 bis hin zu den großen Kundgebungen und der Papstmesse in unserer Zeit. Heute bietet das Gebäude einem Kongresszentrum, wissenschaftlichen Sammlungen und Teilen der Nationalbibliothek Platz.

13 Hofburg, Heldenplatz

Die Hofburg zwischen Burgring, Josefsplatz und Michaelerplatz: seit 1279 Wohnsitz der österreichischen Landesherren und ebenso lange fast immer Baustelle, denn durch die Jahrhunderte wurde abgerissen, erweitert und umgebaut. Die halbkreisförmige Neue Hofburg wurde erst 1913 nach Plänen von Semper und Hasenauer fertig gestellt, ein gegenüberliegender Flügel, als Teil eines groß angelegten Kaiserforums gedacht, wurde nie verwirklicht.

Die Hauptstadt war bald von einem Kranz eleganter Herren- und Landsitze umgeben, denen meist das vornehme Schloss Schönbrunn der Habsburger als Vorbild diente. Heute freilich haben sich die Grenzen der Stadt schon viel weiter hinausgezogen, und alle die großen und kleinen Schlösser und Palais, von deren Fenstern und Balkonen aus man im Sommer aufatmend die Hauptstadt am Horizont flimmern sah, von ihr getrennt durch eine längere Wagenfahrt, sind jetzt stille, kaisergelbe Inseln im Trubel der Großstadt, deren Zentrum in wenigen Minuten per U-Bahn zu erreichen ist.

In Schutt und Asche sank Wiens mittelalterliche Festungsanlage erst im Feuer der Artillerie Napoleons, dessen Soldaten 1805 und 1809 die Stadt besetzten und dessen Großmachtpolitik in den Dokumenten des Wiener Kongresses 1814/1815 ein konservatives Ende mit stillem Begräbnis bereitet wurde.

1858 war es auch für Wien mit den Stadtmauern, die moderner Kriegführung nicht mehr gewachsen waren, endgültig vorbei. Romantiker einst und auch Stadtplaner heute haben bedauert, dass die Spitzhacke fast nichts von ihnen übrig gelassen hat – nur auf alten Bildern können wir noch sehen, wie großzügig die auf den Festungswällen angelegten öffentlichen Gärten ausgesehen haben, von denen aus man einen wunderbaren Blick weitum ins Land hatte und wo gemütliche Pavillons und Kaffeehäuser, in denen etwa Strauß und Lanner musizierten, zur Rast einluden. „Im Paradeisgartl auf der Löwelbastei ..." heißt es in einem da und dort noch gespielten Wienerlied, das die Sonntagsspaziergänge von Herrn und Frau Biedermeier musikalisch festhält.

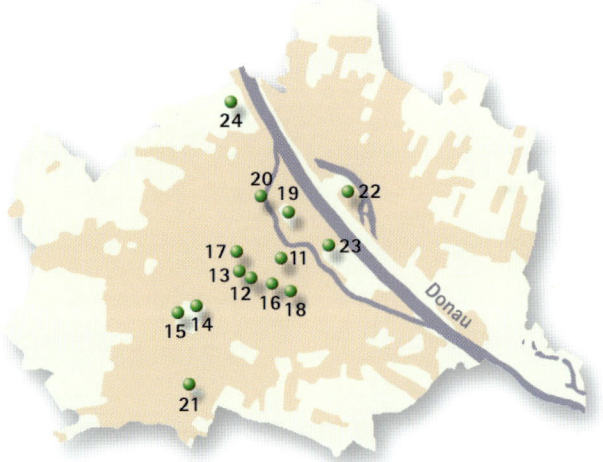

14 Schloss Schönbrunn
Schloss Schönbrunn mit seinen 1441 Räumen liegt nur wenige Gehminuten vom Tiergarten entfernt. Nach dem „schönen Brunnen", einer im Park gefassten Quelle benannt, lag es einst vor den Toren Altwiens. Der große Park schützt den kaisergelben Sommersitz auch heute noch vor dem aufdringlichen Lärm der Großstadt.

15 Schönbrunner Tiergarten
Die ursprüngliche Anlage des Schönbrunner Tiergartens,
des ältesten Tiergartens der Welt, ist aus der Luft noch deutlich
zu erkennen.
Der Franzose J. N. Jadot hat als Baumeister den Wunsch Franz
Stephans von Lothringen, des Ehemanns Maria Theresias,
1753 in die Tat umgesetzt.

Es ist mein Wille ..." hatte Kaiser Franz Joseph formuliert, als er den Auftrag zum Ersatz der alten Mauern durch eine Prachtstraße gab, die die Geltung seines Kaisertums im Kreis der damaligen Führungsmächte der Welt ausdrücken sollte.

Die unverwechselbare Ringstraße ist daraus geworden, die, der Kritik puristischer Kunsthistoriker zum Trotz, einer ganzen Stilrichtung, nämlich jener der zweiten Hälfte des 19. Jahrhunderts, ihren Namen gab.

Das neue Wien hätte Ballonfahrer Blanchard kaum mehr wieder erkannt. Krone und Stadtverwaltung gaben der Stadt jenes Gesicht, das man in der ganzen Welt mit Wien verbindet. Und jenes letzte Jahrzehnt der Donaumonarchie, als der „Sezessionsstil" charak-

teristische Markierungen im Stadtbild setzte, schloss ein Jahrtausend Wiener Stadtbildgeschichte ab, das zunächst überwiegend von militärischen Grundsätzen und zuletzt von der Zurschaustellung imperialer Machtansprüche geprägt war.

1921 schließlich wurde Wien eigenes Bundesland, ist seither Stadt und Bundesland zugleich und verfügt deshalb auch über zwei gesetzgebende Körperschaften, einen Gemeinderat und einen Landtag. Das darauf folgende Jahrzehnt war noch einmal vom Bauwillen eines kommunalen Bauherrn geprägt: Das wegen der sozialdemokratischen Mehrheit so genannte „Rote Wien" leistete Vorbildliches im kommunalen Wohnungsbau, im Schul- und Bildungswesen und im Bereich der Sozialfürsorge.

16 Wiener Staatsoper
Das zwischen 1861 und 1869 errichtete Staatsoperngebäude von August Sicard von Sicardsburg und Eduard van der Nüll wurde von den Wienern zunächst spöttisch als „versunkene Kiste" kritisiert, ist aber Künstlern und Besuchern rasch ans Herz gewachsen.
Am 12. März 1945 fast zur Gänze ausgebrannt, wurde die Oper nach dem mehr als zehn Jahre dauernden Wiederaufbau mit Beethovens „Fidelio" unter Karl Böhm eröffnet und zählt seither wieder zu den besten Opernhäusern der Welt.

17 Ringstraße
An diesem Abschnitt der 6,5 km langen und nach Schleifung der Festungsanlagen 1865 feierlich eröffneten Prachtstraße liegen das politische (Parlamentsgebäude von Theophil Hansen, links), das gelehrte (Universität von Heinrich von Ferstel, rechts) und das künstlerische Wien (Burgtheater von Semper und Hasenauer) ganz nahe beisammen.
Etwas zurückgesetzt das neugotische Rathaus von F. v. Schmidt.

Als Wien 1938 zweitgrößte Stadt Deutschlands wurde – eine Auszeichnung, um die sich die Stadt nicht gerissen hatte –, waren zahlreiche Umlandgemeinden eingemeindet worden. Wien hatte plötzlich zwei Millionen Einwohner und 26 Bezirke. Noch heute findet man übrigens in abgelegenen, nun längst wieder niederösterreichisch gewordenen Randgemeinden da und dort Wiener Straßentafeln aus jenen Jahren.

Bombenkrieg und vier Besatzungsmächte ließen Wien grau werden. Die erste Sorge nach dem Krieg galt ja dem Wiederaufbau der zerstörten Wohnhäuser, das waren die Jahre, in denen ich meine Heimatstadt mit aufmerksamen Augen zu durchwandern begann.

Vieles ist seither verschwunden, hat Neuem Platz gemacht. Mein Wien der Nachkriegsjahre war ein schäbiges, graues Wien, aber ein Wien voller Optimismus und Vertrauen in die Zukunft, ein Wien voller Hoffnung. „Wenn der Steffl wieder wird, so wie er war ...", sang man damals. Er ist wieder so geworden, und die Stadt mit ihm, lebendiger, farbiger – Wien leuchtet und strahlt, es strahlt in die Nachbarländer, die den Kommunismus abgeschüttelt haben, deren Bewohner, als sie noch zum Sowjet-Imperium gehört haben, sich nichts sehnlicher gewünscht haben, als eines Tages wieder unbeschwert und ungehindert nach Wien fahren zu können.

Mitten in der Gegenwart der ersten Wochen des neuen Jahrtausends muss ich auf einmal meines verehrten Deutschlehrers am Gymnasium gedenken, der mir das Werk Ferdinand von Saars näher brachte (der eine Wiederentdeckung längst verdient hätte!). Saar lässt seine „Wiener Elegien", die eine einzige Liebeserklärung an die verehrte Stadt sind, mit folgenden Versen ausklingen:

„Doch du bist noch, o Wien!
Noch ragt zum Himmel dein Turm auf,
Uralt mächtiges Lied rauscht ihm die Donau hinan.
Und so wirst du bestehn,
was auch die Zukunft dir bringe –
Dir und der heimischen Flur,
die dich umgrünt und umblüht.
Sieh, es dämmert der Abend,
doch morgen flammt wieder das Frührot –
Und bei fernem Geläut'
segnet dich jetzt dein Poet. "

Das muss schon eine besondere Stadt sein, der ein Dichter solche Verse widmet. Aber immerhin, es handelt sich ja um Wien, werden die Wiener sagen.

18 Karlskirche

Die dem hl. Karl Borromäus gewidmete Karlskirche wurde von Kaiser Karl VI., dem Vater Maria Theresias, nach der Pestepidemie von 1713 gestiftet. Die beiden Säulen zeigen Bilder aus dem Leben des Heiligen.

19 Augarten

Der Augarten erinnert noch an die einstige Nähe der Donau. Wo früher einmal die Insel Wolfsau war, steht heute das Augartenpalais,
seit 1948 Heim der Wiener Sängerknaben. In einem Nebengebäude ist die Porzellanmanufaktur untergebracht. Zwei Flaktürme trotzen
mit Erfolg ihrer Beseitigung und erinnern an die schweren Kriegsjahre.

20 Fernheizwerk Wien–Spittelau

Den Schornstein des Fernheizwerks Wien-Spittelau hat Friedensreich Hundertwasser als Zwiebelturm gestaltet und für die ganze Anlage eine freundliche Fassade entworfen. Rund 200 000 Wohnungen und 4400 Großkunden werden seit 1987 mit Fernwärme versorgt. Den Japanern gefällt's, sie haben Hundertwassers Pläne in Osaka gleich nochmals verwirklicht.

21 Alterlaa

Wie hier in Alterlaa wächst die Stadt ins grüne Umland. 3181 Wohnungen sind nach Plänen des Architekten Harry Glück entstanden, wo die Bauern bis in die frühen siebziger Jahre ihre Felder bestellt hatten.

22 UNO-City, Austria Center Vienna

Das in Architektur umgeformte Ypsilon markiert die UNO-City, den Behördensitz der Weltorganisation jenseits der Donau, 1973–1979 nach Plänen von Johann Staber erbaut und später um ein Kongresszentrum erweitert.

Zu Beginn haben wir dem französischen Luft-schiffer Jean Pierre Blanchard das Wort erteilt. Als einer der allerersten Menschen, die unsere Welt von oben sahen, soll er auch das Schlusswort haben. Das Gefühl, das er beim Hinunterschauen auf Wien hatte, schildert er so: „Damals war es, wo mein Ent-zücken über meinen Aufenthalt in den Lüften in eine himmlische Wonne überging, und die Stimmung der Seele, die sich in diesen angenehmen Augenblicken allmählich emporschwingt, ließ meiner Einbildungs-kraft ihren freien Zügel, und in dieser so erwünschten Lage glaubte ich, alles wagen zu dürfen."

24 Leopoldsberg und Bisamberg

Die Wiener Hausberge sind die letzten Ausläufer der Ostalpen, die Donau erreicht Wiener Stadtgebiet, jenseits des Stromes schließt der Bisamberg an. In den Wäldern im Vordergrund sammelten sich 1683 die Truppen, die den türkischen Belagerungsring um Wien aufbrechen sollten.

23 Der Prater

Der Wiener Prater war einst ein riesiges Au- und Jagdgebiet. Mittelpunkt des populären „Wurstelpraters", dem die einst nicht nur bei Kindern beliebte Puppentheaterfigur ihren Namen gegeben hat, ist das eiserne „Riesenrad". Eine 1897 in Betrieb genommene Konstruktion zweier britischer Techniker, 1945 wie alle anderen Praterbuden und Ringel-spiele ein Opfer des Krieges, dann aber wieder aufgebaut.

Niederösterreich

Ich bin dort daheim, wo das dunkle Grün der Föhrenberge ins helle Grün der Weinberge übergeht, wo das Land flach und eben wird und wo man den warmen Wind, der manchmal von Südosten bläst und die Leute ganz durcheinander bringt, seit urdenklichen Zeiten den „pannonischen" nennt. Ich bin somit daheim in jenem Landesteil, der „Industrieviertel" heißt. Eigenartigerweise nämlich sind Niederösterreich und Oberösterreich die einzigen Länder, die in Viertel eingeteilt sind, mit deren Namen Generationen von Volksschülern geplagt wurden. In Niederösterreich heißen sie Waldviertel, Weinviertel, Mostviertel, Viertel ober bzw. unter dem Wienerwald – und eben mein Industrieviertel. Die kunstlosen Bezeichnungen zeigen schon einen Teil der Vielfalt des Kernlandes Österreichs – aber nicht erwähnt ist zum Beispiel der Anteil am Hochgebirge: Die westlichen Österreicher hören es nicht so gerne, dass die Wiege des alpinen Schilaufs nicht etwa in den Tauern oder am Arlberg zu suchen ist, sondern im Raum um das niederösterreichische Lilienfeld, und die Schirennen auf den Pisten des Semmeringgebietes müssen den Vergleich mit Weltcuprennen anderswo keineswegs scheuen.

Die eigenen familiären Wurzeln führen in die Wachau, wo die Vorfahren im Städtchen Krems durch Generationen das wärmespendende Hafnergewerbe betrieben, sich aber in den zwanziger Jahren des vorigen Jahrhunderts auch im kunstgewerblichen Keramikbereich einen Namen zu machen wussten, der die bunten Produkte aus dieser Zeit heute zu gesuchten Sammelobjekten macht. Wer an der Donau aufgewachsen ist, den lässt der Strom nicht mehr los. Unmittelbar nach Kriegsende, im allerersten Nachkriegsfrühling, der freilich noch lange nicht friedvoll war, erhielten meine Mitschüler und ich in der dritten Volksschulklasse die Aufgabe gestellt, eine bunte Zeichnung zum Thema „Österreich ist wieder frei!" anzufertigen. Für mich gab es keine Zweifel, was das Bild zeigen sollte: einen großen weißen Donaudampfer, wie ich sie oft vom Ufer beobachtet hatte, von denen jetzt allerdings nicht wenige als Wracks im Wasser vor sich hin rosteten. Eine riesige rot-weiß-rote Flagge wehte vom Heck des Schiffes, im Hintergrund ein Berg mit einer Ruine – eine Kulisse, die nach meinen Vorstellungen Dürnstein darstellen sollte.

25 Felder südwestlich von Mistelbach
Die Farbenpracht der stillen Sommerlandschaft.

Niederösterreich war und ist für mich immer ein Land der Burgen und Schlösser, ein Land der Wallfahrtskirchen – aber Geruchs- und Geschmackssinn signalisieren sofort gespeicherte Erinnerung, wenn von Niederösterreich die Rede ist: Denn was wäre dieses Land ohne den Wein?

Franz Grillparzer erwähnt ihn in seiner Lobrede über Österreich in „König Ottokars Glück und Ende", und die Stadt Krems hat dem Wein sogar ein eigenes Museum gewidmet. Erstaunlicherweise kommen einige der besten Rotweine aus jener Region des Landes, wo in unserer Zeit auch Erdöl entdeckt wurde und seither gefördert wird. Niederösterreichisches Erdöl wurde in der Nachkriegszeit durch viele Jahre hindurch zur Abdeckung unserer Reparationszahlungen an die Sowjetunion geliefert, obwohl Niederösterreich allein ein Drittel aller Schäden zu tragen hatte, die der Zweite Weltkrieg in ganz Österreich verursacht hatte, das Land war ja zum Teil während der letzten Kämpfe noch Frontgebiet geworden.

26 St. Pölten

Das Regierungsviertel der 1986 zur niederösterreichischen Landeshauptstadt erhobenen Barockstadt St. Pölten – zwischen 1992 und 1997 nach Plänen Ernst Hoffmanns errichtet, der den ausgeschriebenen Architektenwettbewerb für sich entscheiden konnte. Die unmittelbare Nähe zum vertrauten Barock ergibt einen spannungsgeladenen Kontrast zwischen Gestern und Heute.

27 **Kellergasse** – Wo der Wein zu Hause ist: Kellergasse südlich von Poysdorf im Weinviertel.

Es bedurfte erst der Unterzeichnung des Staatsvertrages am 15. Mai 1955, damit Niederösterreich beginnen konnte, den Wohlstandsvorsprung der westlichen Bundesländer aufzuholen. Niederösterreich ist schon lange kein überwiegend agrarisch strukturiertes Land mehr, ohne sich aber zur Gänze von Industrie und Technik abhängig zu machen. Es sei nur an das Nein zum Kernkraftwerk Zwentendorf im Tullnerfeld oder an die Proteste in den Donau-Auen unterhalb Wiens erinnert, die den Bau eines weiteren Flusskraftwerkes verhindern geholfen haben. Einer der bedeutendsten Niederösterreicher, der Nobelpreisträger Konrad Lorenz, daheim gewesen in Altenberg an der Donau, hatte ja ebenfalls die Erhaltung unserer Umwelt zu seinen wichtigsten Anliegen gezählt. Niederösterreich – ein Land der Nobelpreisträger? Konrad Lorenz war nicht der Einzige: Medizinnobelpreisträger Karl Landsteiner wurde in Baden geboren, Bertha von Suttner, Trägerin des Friedensnobelpreises, lebte auf Schloss Harmannsdorf. Und die großen Namen aus der Kunstgeschichte: Hier spannt sich der Bogen vom Kremser Schmidt über den als Tiroler geborenen Wahl-St. Pöltener Jakob Prandtauer und den Marchfelder Rafael Donner bis zu Egon Schiele und Oskar Kokoschka, der eine aus Tulln, der andere aus Pöchlarn.

28 Mostviertel
Wolken über dem Mostviertel, südlich von Amstetten.

Niederösterreich, die Sommerfrischenregion der Wiener. Erich Landgrebe hat sie einmal so beschrieben:

„Über dem Hinterland Wiens liegt noch ein Hauch von Biedermeier, das seine große Zeit gewesen ist. Man konnte von der Stadt nicht viel weiter als zehn Kilometer an einem Sonntag fahren, die Wiener kamen im Fiaker oder verbrachten ihre Sommer hier in den Orten mit den poetischen Namen: Kaltenleutgeben, Sittendorf, Hochrotherd, Biedermannsdorf, Siebenhirten, Tausendblum. Mit dem Helenental sind die Namen Mozart, Beethoven, Schubert, Grillparzer, Lanner und Strauß verbunden, die wie alle Wiener dieses Tal besonders liebten und hierher fuhren, als die Reise noch eine ‚große Landpartie‘ bedeutete. Das Wiener Becken freilich trägt die Akzente von heute, Weinbau und Industrie bilden einen vollen Akkord.“

29 Rosenburg
„Es liegt ein Schloss in Österreich“ lässt sich die Rosenburg besingen. So ist das Schloss an der Mündung der Taffa in den Kamp eine der bekanntesten Burgen des Landes geworden.

30 Carnuntum
Carnuntum ist die wichtigste römische Siedlung in Österreich, die Überreste der Garnisonsstadt und der Zivilstadt sind gut erhalten. Der Unterhaltung dienten zwei Amphitheater, die zusammen rund 20 000 Zuschauer fassten.

31 Schloss Grafenegg
Schloss Grafenegg bei Etsdorf–Haitzendorf
wirkt wie eine aus den Ritterromanen Sir
Walter Scotts nach Niederösterreich versetzte
Burg, ist aber erst um die Mitte des 19. Jahr-
hunderts entstanden und gilt als gelungenstes
Beispiel romantischer Burgenarchitektur.

32 Stift Melk
Das Benediktinerstift wird schon im
Nibelungenlied genannt und war der Sitz
der Babenberger, ehe es 1089 Benediktinerkloster wurde. Zwischen 1702 und 1736
wurde nach Plänen Jakob Prandtauers der
barocke Klosterpalast, wie wir ihn heute
kennen, errichtet.

33 Stift Göttweig

Das Benediktinerstift Göttweig in Sichtweite von Krems markiert den östlichen Endpunkt der Wachau.
1718 gab Johann Lukas von Hildebrandt dem schon um die Jahrtausendwende errichteten Stift sein heutiges Gesicht,
auch wenn seine Pläne nicht in vollem Umfang verwirklicht wurden.

Die Sommerfrische von einst genossen allerdings meist nur die Ehefrauen und die Kinder. Der Historiker Heinrich Benedikt, dessen Vater als Professor an der Technischen Hochschule in Wien meist unabkömmlich war, verbrachte seine vaterlosen Schulferien in der Hinterbrühl bei Wien: „Wir fuhren im Viersitzer hinaus. Matratzen, Küchengeschirr u. dgl. waren mit einem Möbelwagen, Köchin und Dienstmädchen mit der Bahn vorausgeschickt worden. Vater kam jeden Samstag und fuhr Montag nach Wien zurück. Ich spüre noch den Juchtengeruch seiner Aktentasche. Als Staatsbeamter zahlte er in der zweiten Klasse nur den halben Tarif."

„Busserlzüge" nannte man damals ein wenig spöttisch die Züge, die die Ehemänner und Väter aus der Stadt hinaus- und zu Wochenbeginn wieder zurückbrachten. Der Rückschluss auf herzliche Begrüßungs- und Abschiedsszenen ist erlaubt. Dabei war es für die Armen mühsam, die sommerfrischenden Lieben wenigstens an den Wochenenden zu sehen. Anton Wildgans verspürte noch viele Jahre später Mitleid mit seinem Vater, der die Reisestrapazen sogar Sommertag für Sommertag willig auf sich nahm: „Da hatte ein solch Bedauernswerter in der Gluthitze der hochsommerlichen Stadt meist bis in den tiefen Nachmittag hinein bei seinen Akten, Geschäftsbüchern oder sonstigen Hantierungen verbracht, hatte womöglich – wie es zum Beispiel mein Vater zu tun pflegte – während des lieben langen Tages außer dem Frühstück nichts anderes als eine sehr verspätete Kaffeehausmahlzeit zu sich genommen und mußte dann noch an die anderthalb Stunden und länger in der drangvoll-fürchterlichen Enge eines jener Stellwagen über glühende Pflaster oder staubige Landstraßen dahinholpern, ehe er endlich gegen Abend abgehetzt und verschwitzt an seinem ländlichen Bestimmungsorte anlangte. Und all dies für einige Atemzüge in kühlerer freier Luft und im übrigen, um die Nächte in meist zu kurzen und zu schmalen strohsackharten Kleinhäuslerbetten zu verbringen ..."

Hatte man aber länger Zeit, etwa für eine Kur, so musste dies nicht unbedingt heilend wirken. Franz Grillparzer wird im Sommer 1860 nicht viel gesünder abgereist sein, als er angekommen war: „Ich habe mich hier genug gelangweilt, besonders da die ersten vierzehn Tage fast immer schlechtes Wetter war und zum Lesen ich auch in Wien genug Gelegenheit habe. Die Gesellschaft war übrigens heuer unendlich langweilig, und wenn dieselbe von mir dasselbe Urteil fällt, so hat sie teils Recht, teils liegt mir wenig daran."

34 Die Burg Kreuzenstein ist eine idealisierte Burg aus dem 19. Jahrhundert, für die der Bauherr Graf Wilczek romanische und gotische Originalbauteile aus ganz Europa zusammentragen ließ.

35 Ruine Lichtenfels im Kamptalstausee

Einst war sie Teil eines gestaffelten militärischen Sicherungs- und Verteidigungssystems zum Schutz der wichtigen West-Ost-Verbindung auf und entlang der Donau.

36 Das Zisterzienserstift Heiligenkreuz
im südlichen Wienerwald ist das zweitälteste
Zisterzienserkloster Österreichs und zeigt in seiner
Baugeschichte Elemente von der Romanik über
die Gotik bis zum Barock, war aber in unruhigen
Zeiten auch immer wieder wehrhafter Zufluchtsort
für die Bewohner der umliegenden Dörfer.

37 Mayerling
Unweit von Heiligenkreuz liegt Mayerling, heute
Karmeliterinnenkloster, einst Jagdschlösschen.
Dort erschoss am 30. Jänner 1889 Kronprinz Rudolf
seine Geliebte Mary Vetsera und beging anschließend
Selbstmord – so lautet wenigstens die offizielle Version.
Aber was geschah wirklich? Wo sind die Motive und
Hintergründe zu suchen?
Ein Rätsel, das wohl nie gelöst wird.

38 Groß Nondorf
bei Sallingberg im Waldviertel: am
Morgen nach einem Schneesturm.

I dyllisch-langweilig war es im Niederösterreichischen nicht immer. Dort, am Ostrand der Alpen, wo sich das Land flach nach Osten öffnet, spürten diese Ebenen mit den unscheinbaren Hügeln und Dörfern, den verfallenen Schlössern die harte Handschrift europäischer Geschichte. „Hier ist wenig Kulisse, aber eine ungeheure Bühne", hat Erich Landgrebe formuliert, „man braucht nicht wie in Westösterreich den Kopf in den Nacken zu werfen, um den Himmel zu sehen."

In seinem großartigen Roman „Moos auf den Steinen" hat Gerhard Fritsch die ersten Nachkriegsjahre in dieser Region Niederösterreichs beschrieben: als von der Vergangenheit geprägt, in der die Toten herumgingen und redeten wie die Lebenden. Aber so ist es heute dort nicht mehr. Die meisten der alten Schlösser sind liebevoll restauriert, haben eine neue Bestimmung gefunden. Neue Nachbarschaften sind an die Stelle lange unpassierbarer Grenzen zwischen West und Ost getreten – auch wenn dies alles noch ungewohnt ist, es lebt wieder auf, was einmal war. Der heilige Leopold als Landespatron kann sich zufrieden zurücklehnen: Sein Niederösterreich wird die nächste Zeit wohl allein zurechtkommen.

39 Dürnstein

mit dem u. a. von Josef Munggenast errichteten ehemaligen Augustiner-Chorherrenstift, überragt von der Ruine, wo der Sage nach der treue Sänger Blondel den dort inhaftierten Richard Löwenherz gefunden hat.

40 Retz,

die alte Handelsstadt auf dem Weg nach Böhmen, rechteckig geplant zwischen 1280 und 1290, unterkellert durch ein Gängesystem von rund 10 km Länge.

41 **Alpenvorland** – Durch die dünne Wolkendecke glitzert die Enns: Wolkenmeer über dem niederösterreichisch-oberösterreichischen Alpenvorland.

42 **Vierkanthof** im nordöstlichen Alpenvorland unweit von Stift Seitenstetten.

Oberösterreich

Es gehört zu den schlichteren Späßen im Umgang mit Sommergästen, diesen einreden zu wollen, dass die Oberösterreicher eine Rangstufe höher zu reihen seien als alle übrigen Österreicher, ihre Herkunftsbezeichnung sei ja schließlich mit der Vorsilbe Ober- versehen. Die freilich leitet sich vom historischen Landesnamen „Österreich ob der Enns" her und hat mit der humoristisch behaupteten Besserstellung der Landesbewohner nichts zu tun.

Oberösterreich ist uraltes Kulturland. Das bestätigen zahlreiche Funde aus der Bronze- und der Eisenzeit, und das heutige Wels war unter den Römern Mittelpunkt der Provinz Noricum.

Bairische Besiedelung, Awarenkämpfe, Landerwerb zunächst der Babenberger, dann der Habsburger, 1779 wird auch das Innviertel österreichisch und bleibt es, ausgenommen eine siebenjährige Unterbrechung unter Napoleon. Ein kurzfristiger Gebietszuwachs in der NS-Zeit (u. a. wurde das Ausseerland ein Teil Oberösterreichs) wurde nach Kriegsende bald wieder zurückgegeben. Die damals aufgebaute Stahl- und Chemieindustrie dagegen machte Oberösterreich im Nachkriegsösterreich zum modernen Industrieland. Um sie lebensfähig erhalten zu können, musste im letzten Jahrzehnt ein schwieriger Umstrukturierungsprozess durchgeführt werden, der aber im Großen und Ganzen erfolgreich abgeschlossen werden konnte.

Die Ausdehnung des Landes vom Dachstein (der nicht nur den Steirern, sondern auch den Oberösterreichern und den Salzburgern gehört) bis zum Böhmerwald und von der Enns bis zum Inn macht aus Oberösterreich ein Land der Vielfalt.

Der Poet des Landes von der Alpen- bis zur Donauregion ist Adalbert Stifter. Die Schrecken der tiefen Winter am Rand des Böhmerwaldes waren ihm ebenso vertraut wie die Berglandschaft im Salzkammergut rund um den Dachstein: „Ein schöner Anblick war es am Freitagnachmittag, da das kleine Tal von Habenau skizziert wurde", schreibt Stifter 1841 in „Feldblumen". „Der Platz ist wunderbar lieblich: eine heitergrüne Wiese in sanften Wellenbildungen, rechts ein dunkler Wald, hinter dem eben eine Wolke zwei schneeweiße Taubenflügel heraufschlug – vor uns die wunderlichen Felsen des Almseegebirgs und links tief zurück der große und kleine Briel, die lichten Häupter in finstrer Bläue badend – kein Lüftchen – blendender Sonnenschein."
Briefe aus der Sommerfrische am Nordwald klingen kaum weniger glücklich, wie Ada Christen im Sommer 1880 an Ludwig Anzengruber schreibt: „Da wäre endlich wirklich Ruhe! Rechts und links hohe Berge! Alte Nadelwälder, mitten hindurch fließt die Aist – ein moor- und eisenhältiger Fluß, das Wasser ist ganz braun, so stark ist der Mineralgehalt. In diesem Wasser nun baden wir, dann klettert man den Berg hinan in die Wälder hinein und sitzt dort so still und einsam, da das Rauschen des Wassers und das schüchterne Singen der Vögel uns daran gemahnt, daß es auch Leben rundum gibt."

43 Linz

Oberösterreichs Landeshauptstadt, die Elektronik- und Stahlstadt an der Donau.
Der Fluss tritt durch die „Linzer Pforte" aus dem Engtal des Granitplateaus ins Linzer Becken.

Wer wie ich – von Oberösterreich her gesehen – jenseits des Pötschenpasses eine zweite Heimat gefunden hat, der war anfangs überrascht, dass man dort, im Ausseerland, die oberösterreichischen Nachbarn als „Esterreicher" bezeichnet. Man fahre ins „Esterreichische", sagt man ganz selbstverständlich, überquert man den Pötschenpass in Richtung Bad Ischl. Wenn man diesseits kein „Esterreicher" ist, was ist man dann? „Steirer" sei man oder überhaupt „Ausseer". Da hat sich eine bemerkenswerte Erinnerung an das 18. Jahrhundert erhalten, denn da galten nur Bewohner der Länder unter und ober der Enns als Österreicher, alle anderen waren Steirer, Kärntner, Tiroler, Böhmen usw.

Den Zusammengehörigkeit ausdrückenden Begriff des Österreichischen oder des Österreichers oder gar einer gemeinsamen österreichischen Nation kannte man noch nicht. Und so gilt es, vorsichtig zu sein, wollen wir aus Schilderungen der Charaktereigenschaften der Österreicher aus dem 18. und dem frühen 19. Jahrhundert Rückschlüsse auf das Wesen der Österreicher von heute, als jener, die zwischen Bodensee und Neusiedler See leben, ziehen.

Mag sein, dass Franz Stelzhamer davon wusste, als er sich etwas abwertend einmal als „Österreicher aus dem Österreicherland" bezeichnete, was wohl kein Unglück, aber doch „a Schand" sei. Welche Gründe auch immer den oberösterreichischen Dichter an seiner Herkunft haben zweifeln lassen – sein Text zur oberösterreichischen Landeshymne drückt tiefe Verbundenheit mit der Heimat aus. Der Wortlaut findet sich zum ersten Mal im 1841 erschienenen Gedichtband „Neue Gesänge in obderennsscher Mundart", fand im Lehrer Hans Schnopfhagen einen Komponisten, der den dazu passenden volkstümlichen Ton niederschrieb, und das Lied war längst ein Volkslied, ehe es 1952 auch offiziell zur Landeshymne wurde. Auch ich habe „Hoamatgsang" in der Volksschule in Steyr gern und oft gesungen, zu deren Schülern ich, nachkriegsbedingt, vorübergehend zählte.

44 Augustiner-Chorherrenstift St. Florian

Anton Bruckner war hier Organist und wurde auf eigenen Wunsch unter der Orgel, die er so oft gespielt hat, beigesetzt – in jener Stiftskirche also, die, so weiß es die Legende, über dem Grab des hl. Florian errichtet wurde. Dieser hatte nur wenige Kilometer entfernt aus Glaubenstreue den Märtyrertod auf sich genommen.

45 Steyr

am Zusammenfluss von Steyr und Enns. Das alte Steyr hatte sich vor rund 1000 Jahren um die alte Burg (links) entwickelt,
heute ist Steyr ein Zentrum der metallverarbeitenden Industrie, weiß aber das traditionelle Stadtbild zu bewahren.

Ein Landeswappen hat Oberösterreich selbstverständlich auch, es trägt, wie das der Steiermark und das Wappen Salzburgs, einen Fürsten- bzw. Herzogshut. Es findet sich schon in einer Darstellung des frühen 14. Jahrhunderts und gehörte vielleicht jenem Otto von Machland, der das Zisterzienserstift Baumgartenberg gegründet hat, es könnte sein Familienwappen sein. Gezeigt wurde diese Darstellung jedenfalls 1996 in der „ostarrîchi-österreich"-Ausstellung in Neuhofen an der Ybbs.

Landespatrone hat Oberösterreich sogar zwei, einen „amtlichen", das ist der hl. Leopold, dem ja schon Niederösterreich als Patronat „zugewiesen" ist, und dann noch den populären hl. Florian, dessen sterbliche Überreste nach langen Umwegen in Krakau gelandet sind, von wo der damalige Erzbischof Karol Wojtyla, der spätere Papst Johannes Paul II., bei einem Besuch eine Reliquie mitgebracht hatte, die im Altar von Lorch eingemauert wurde. Florianus ist also wieder daheim, dort, wo er vor bald 2000 Jahren den Märtyrertod starb.

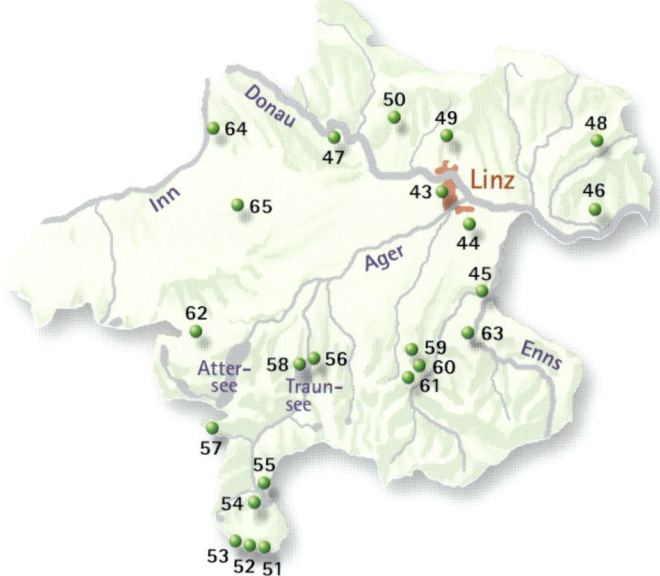

46 Burg Klam

Die Burg im unteren Mühlviertel ist eine der besterhaltenen Burgen im Land, seit 1492 ist sie Familienbesitz der Grafen Clam-Martinic. Auffallend ist der ein wenig abseits stehende mächtige Bergfried, eigentlich ein Wohnturm.

47 Donauschlinge bei Schlögen

Schon die Römer waren dort, wo die Donau in zwei Kehren von Süden nach Nordwesten und nach Norden abweicht.

48 Pieberbach im unteren Mühlviertel
Geduckt und zusammengedrängt stehen die
alten Häuser, schutzsuchend vor Wetterunbill
und Bedrängnis von außen, aus der Nähe
Nachbarschaftshilfe gewährend.

49 Langzwettl
Rodungshof bei Zwettl an der Rodl nördlich von Linz.

Das Benediktinerkloster Kremsmünster bewahrt
freilich ein besonders kostbares Landessymbol
auf, dessen Kraft alle anderen Landesinsignien über-
strahlt: den Tassilokelch, gestiftet vom Baiernherzog
Tassilo, dem Gründer des Klosters, das an jener Stelle
errichtet wurde, an der sein Sohn Gunther Opfer
eines Jagdunfalles wurde. Der Kelch aus dem 8.
Jahrhundert ist wohl liturgisches Gerät und wird
heute noch bei der Messfeier als solches genutzt, aber
fast in Vergessenheit geraten ist seine Bedeutung als
politisches Symbol aus der Zeit der Machtkämpfe
zwischen den fränkischen Königen und den Baiern
vor dem Hintergrund der Slawenmission: Der
Tassilokelch ist ein Zeugnis bairischer Selbstbe-
hauptung angesichts wachsender fränkischer Macht.
Das ist freilich längst Geschichte, aber die Kraft des
Tassilokelches passt doch wohl gut zu einem
Bundesland, das seine Stimme auch dann selbstbe-
wusst hören lässt, wenn es der Zentralgewalt nicht
unbedingt Freude bereitet.

50 St. Johann bei Wimberg im Mühlviertel – Früher Winter im Dezember.

51 Der Dachstein
Das Gipfelkreuz auf dem Hohen
Dachstein – nur fünf Meter fehlen
auf den Dreitausender.

52 **Die Dachstein-Südwand** ist schon steirisch, aber die Grenze mit Oberösterreich verläuft direkt
über den Berg und mitten durch die Gaststube der Bergstation der Seilbahn auf den Hunerkogel.

53 Bischofsmütze, Gosaukamm und Dachstein
Wanderwege, Klettersteige und Schiabfahrten aller Schwierigkeitsgrade.

54 Hallstatt
liegt auf einem schmalen Landstreifen zwischen Berg und See. Die Seeufer zählen zu den ältesten besiedelten
Landschaften in Österreich. Während langer Winterwochen liegt Hallstatt im Schatten der umliegenden Berge.

55 Hallstätter See

Im Tal glitzert der See, auf dem Dachstein leuchtet der Hallstätter Gletscher im Sonnenlicht.

56 Gmunden

Die Stadt Gmunden am Traunsee verdankt ihren Wohlstand dem Salz, denn bis ins 19. Jahrhundert passierten die Salztransporte aus dem inneren Salzkammergut die Stadt, auch das legendäre „Salzamt" befand sich in Gmunden. Erst der Bau der Westbahn, deren Trasse weitab verläuft, ließ Gmunden in einen Zustand beschaulicher Ruhe sinken, die höchstens vom sommerlichen Fremdenverkehr unterbrochen wird.

57 St. Wolfgang

im Salzkammergut war schon im Mittelalter ein viel besuchtes Wallfahrtsziel. Heute suchen jedes Jahr zehntausende Urlauber das Glück, das im Gasthof „Weißes Rössl" (im Vordergrund zwischen Kirche und See) bekanntlich vor der Tür steht. Der Komponist Ralph Benatzky, der St. Wolfgang Eingang in den Operettenolymp verschaffte, ist auf dem Ortsfriedhof begraben.

58 **Seeschloss Ort** (diese Schreibweise ist richtig) bei Gmunden am Traunsee im Winter.
Der Star einer Fernsehserie, aber ein Hotel wird man dort vergeblich suchen.

59 Vierkanthof bei Kirchdorf
Vierkanthöfe wie diese im Morgennebel bei Kirchdorf sind vor allem im
Großraum Wels-Linz-Amstetten-Steyr
zu finden.

60 Vierkanthöfe bei Kirchdorf.

61 Ziehberg
Der Ziehberg westlich
von Kirchdorf an der
Krems, dem Hauptort
des oberen Kremstales.

62 Attergau – Die dicht besiedelte Agrar- und Industrielandschaft des Attergaus, der Moränenlandschaft um den nördlichen Attersee, an einem Raureifmorgen.

63 **Wintertag im Raum Ternberg, unteres Ennstal** – Einst haben Eisen und seine Verarbeitung den Wohlstand der Ternberger gesichert.

64 Schärding – Ein seltener Blick hinter die Fassaden: die Dachlandschaft im historischen Stadtzentrum.

65 Nördlich von Ried im Innkreis – Das große Frühlingserwachen.

Salzburg

War Wolfgang Amadeus Mozart Österreicher oder Deutscher? Sagen Sie bitte nicht, Mozart sei doch wohl selbstverständlich Österreicher gewesen, denn das wäre falsch. Der auf den nach ihm benannten Kugeln (wogegen er sich nicht wehren konnte) abgebildete Komponist ist vielmehr 1756 als Untertan des Fürstbischofs von Salzburg auf die Welt gekommen und war deshalb ohne Frage ein Salzburger.

Sein Heimatland ist erst 1816 mit dem Kaisertum Österreich vereinigt worden, aber der Salzburger Historiker Heinz Dopsch hat aus Anlass der Millenniumsfeiern 1996 mit Nachdruck darauf hingewiesen, dass Salzburg mit Abstand auf die längste Periode staatlicher Selbstständigkeit zurückblicken könne: zunächst als geistliches Fürstentum des Heiligen Römischen Reiches und seit dem Spätmittelalter auch als Land. Deshalb habe Salzburg unter allen Ländern der Republik Österreich eine Sonderstellung. Denn im Gegensatz zu ihnen, die mit Ausnahme des Burgenlands und Vorarlbergs schon im Mittelalter mit Österreich verbunden waren, blieb Salzburg bis 1803 ein selbstständiger Staat unter geistlicher Herrschaft.

Salzburg ist nicht nur das älteste und wichtigste Zentrum für Kunst und Wissenschaft im Ostalpenraum, von Salzburg aus wurde nicht nur das slawische Fürstentum Karantanien missioniert, das über die Jahrhunderte hinweg zum deutschen Land Kärnten wurde, sondern auch der Wiener Raum empfing das Christentum aus Salzburg.

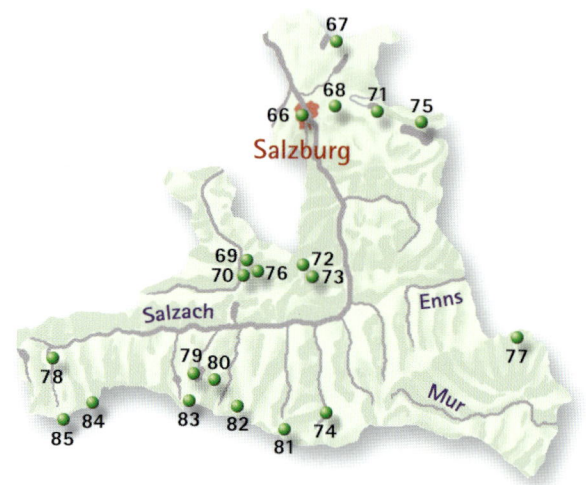

Als Salzburg 1816 endgültig österreichisch wurde, bemühte sich sogar Kaiser Franz I. in die Landeshauptstadt, um die Erbhuldigung seiner neuen Untertanen entgegenzunehmen. Aber schon die ersten Amtshandlungen der kaiserlichen Beamten kosteten Salzburg viele auswärtige Besitzungen, die zum Teil schon fast ein Jahrtausend salzburgisch gewesen waren.

66 Festspielstadt Salzburg
Das Herz der Stadt: Dom, Stift St. Peter, Residenz, Franziskaner- und Kollegienkirche, Alte Universität, die Festspielstätten. Die Festung Hohensalzburg, 1077 errichtet, wurde in ihrer Geschichte niemals erobert und ist bis heute Symbol weltlicher Macht im bis 1803 bestehenden geistlichen Fürstentum.

Zwischen 1816 und 1818 suchten eine schwere Hungersnot und ein Großbrand in der Hauptstadt die geplagten Salzburger heim. Auf den einst prachtvollen Straßen und Plätzen wuchs Gras, die Brandruinen waren noch Jahrzehnte später nicht beseitigt, und verwaltet wurde das Land von der oberennsischen Regierung in Linz. Während man in und um Wien die von der kaiserlichen Familie vorgelebte biedermeierliche Gemütlichkeit pflegte, fühlten sich die Salzburger verraten und verlassen. Heinz Dopsch fasst ihre Gefühle so zusammen: Es „ist festzuhalten, daß die ersten Jahrzehnte österreichischer Herrschaft nicht zu unrecht als dunkelste Periode der Salzburger Geschichte bezeichnet werden. Bis heute ist die Kenntnis davon in weiten Kreisen lebendig und erklärt so manche Ressentiments, die gegenüber Österreich noch immer vorhanden sind."

Die Salzburger wären wenige Jahre nach dem Beginn der österreichischen Herrschaft nur allzu gern wieder bayerisch geworden, was sie seit 1810, nach dem Ende des geistlichen Fürstentums und einem kurzen kurfürstlichen und habsburgischen Zwischenspiel, für eine Weile auch gewesen sind. Der Unmut darüber wird wohl immer lauter geäußert worden sein und entlud sich in der Folge in der Revolution von 1848, die schließlich 1850 zur Wiedererrichtung Salzburgs als Kronland führte, dessen Weg seither unbeirrt aufwärts führte, eine Entwicklung, die sich in der Ersten und in der Zweiten Republik fortsetzte.

67 Mattsee, Flachgau
Die Trumer Seen vor den Toren der Stadt: Mattsee mit dem schon im 8. Jahrhundert erwähnten Kollegiatstift.
Einst gehörten weite Teile des heutigen Flachgaues zur Kirchenprovinz Passau.

68 Gaisberg
Der Gaisberg markiert sichtbar die östliche Einfahrt in die Stadt Salzburg.

69 Gehöfte bei Saalfelden am Steinernen Meer an einem Raureifmorgen.

70 Die Einsiedelei bei Saalfelden
Ein beliebtes Ausflugsziel, das wie ein Schwalbennest an steiler Felswand klebt.

Es zählt zu den Kuriosa unserer Zeit, dass ausgerechnet die Kunst, die doch über alle Gegensätze hinweg verbindend wirken sollte, wiederum für ein Aufleben der Ressentiments zwischen Salzburg und dem östlichen Österreich, personifiziert in der Bundeshauptstadt, sorgen sollte: Die Berichterstattung über die Salzburger Festspiele spaltete Kunstkritik und Kunstfreunde in zwei Lager, in deren öffentlich ausgetragene Auseinandersetzungen auch immer wieder der Wiener Operndirektor und der Salzburger Festspielintendant mit kräftigen Worten eingriffen. Dabei hatte es Hugo von Hofmannsthal 1919 doch so gut gemeint, als er seine Überlegungen zu einer sinnvollen, würdigen Nutzung der prächtigen Bauten aus erzbischöflicher Zeit niederschrieb: „Die Gründung eines Festspielhauses zwischen Bayern und Österreich ist symbolischer Ausdruck tiefster Tendenzen, die ein halbes Jahrtausend alt sind, zugleich Kunstgebung lebendigen, unverkümmerten Kulturzusammenhanges bis Basel hin, bis Ödenburg und Eisenstadt hinüber, bis Meran hinunter."

71 Schloss Fuschl
am Ostufer des Fuschlsees im Salzburger Flachgau ist ein ehemaliges Erzbischöfliches Jagdhaus und heute ein Luxushotel, dessen Gäste die Nähe zur Festspielstadt schätzen.

Hinüber – hinunter, aus Salzburger Sicht: „Wo die junge Salzach, von der Tiroler Grenze kommend, ausschließlich westöstlich fließt, das ist der Pinzgau. Der nördlich vom Zeller See gelegene Keil zwischen Tirol und Bayern gehört auch dazu ... Im Pongau liegt auch Badgastein, das jahrhundertelang versucht hat, durch das Gold der Tauern reich zu werden – das aber durch seine Thermalquellen zu Wohlstand gekommen ist ... Im Lungau, zwischen dem Salzachknie und dem Katschberg, beginnt das Reich der Niederen Tauern ... ‚Vor dem Gebirg‘ hieß die Bezeichnung für die Verwaltungseinteilung des Erzstiftes Salzburg für den heutigen Flach- und Tennengau, Pinzgau und Pongau wurden als ‚Inner Gebirg‘ bezeichnet und das Gebiet im heutigen Lungau war ‚jenseits der Tauern‘. Flach- und Tennengau liegen noch im Strahlungsbereich der Haupt- und Residenzstadt" (Erich Landgrebe). Und die Stadt wiederum ist im Sommer lebhafter Mittelpunkt der Welt, erfüllt jene Aufgaben, die sonst Hafenstädte für das Binnenland haben: für Einfuhr, Ausfuhr und Austausch zu sorgen, vor allem sich der Welt zu öffnen. Ist es Übertreibung, Österreich der Welt erstes Festspielland zu nennen, aus barock-katholischer Tradition geboren, gewachsen aus der Theater- und Musikbegabung des Volkes, in kluger Ergänzung zu den touristischen Attraktionen?

72 Torscharte am Hochkönig
Über der Torscharte am Hochkönig hebt sich der Nebel. Der Hochkönig, obwohl zur Gänze auf Salzburger Boden, ist der höchste und einzige vergletscherte Berg der Berchtesgadener Alpen.

73 Der Hochkönig
Hubschrauberanflug auf das alte Matrashaus auf dem Hochkönig.

74 Badgastein

ist seit 200 Jahren Badeort und heute Weltkurort mit zwei Saisonen. Die Hotelpaläste erinnern an die legendären Tourismusjahre vor 1914.

75 Der Schafberg im Salzkammergut im Winter
Der Gipfel war schon im 19. Jahrhundert ein gern besuchter Aussichtsberg, der mit der heute noch verkehrenden Zahnradbahn leicht zu bezwingen ist.

76 Riemannhaus am Gamsloch bei Saalfelden.

77 Der Hochgolling, mit 2862 m der höchste Gipfel der Niederen Tauern, ist Grenzberg zwischen dem Salzburger Lungau und dem steirischen Ennstal.

78 Krimmler Wasserfälle
am Unterlauf der Krimmler Ache.
Sie sind die höchsten Wasserfälle
in Österreich. Das Tal der
Krimmler Ache liegt am Rand
des Nationalparks Hohe Tauern.

79 Kraftwerk Kaprun

Die Mooserbodensperre des Speicherkraftwerkes Kaprun, deren Stausee durch einen 11,5 km langen Stollen mit dem Margaritzenstausee verbunden ist.
Das Kraftwerk galt in der Nachkriegszeit als beeindruckendes Symbol der Wiederaufbauleistung, obwohl es bereits 1944 errichtet wurde.
Heute steht der Name Kaprun für die größte Bergbahnkatastrophe, die sich je in den Alpen ereignet hat.

80 Wiesbachhorn

Das 3564 m hohe Wiesbachhorn ist der dritthöchste Gipfel der Glocknergruppe,
es liegt zwischen dem Kapruner- und dem Fuschertal.

81 Sonnblick-Observatorium
Das Zittelhaus und das 1886 ge-
gründete Observatorium auf dem
3106 m hohen Sonnblick, einem
Gipfel der Goldberggruppe.
Das ganzjährig betriebene Observatorium ist die älteste Forschungs-
einrichtung dieser Art in den Alpen.

82 Großglockner-Hochalpenstraße
Die Salzburger Seite: Edelweißspitze,
Fuschertörl, Hochtor.

**83 Johannisberg
und Eiskögele**
am Oberen Pasterzen-
boden bilden den Ab-
schluss des Pasterzen-
gletschers.

84 Großvenediger

Der 3666 m hohe Großvenediger ist der vierthöchste Berg in Österreich
und zugleich der Hauptgipfel der Venedigergruppe in den Hohen Tauern.

85 Hochgall, Rötspitze, Dreiherrnspitze und im Vordergrund Großer Geiger. Die Dreiherrnspitze ist ein stark vergletscherter Gipfel der Venedigergruppe westlich des Großvenedigers. Der Name erinnert an die Lage des Berges auf der Wasserscheide zwischen Drau, Salzach und Eisack. Hier berührten einander einst die Grenzen der Besitzungen der Salzburger Fürstbischöfe, der Grafen von Tirol und der Grafen von Görz, der „drei Herren".
Am Krimmlerkees am Fuß der Dreiherrnspitze entspringt die Krimmler Ache.

Tirol

Stimmt in Tirol eine der vielen ausgezeichneten Musikkapellen den „Tiroler-Adler-Marsch" an, dann setzt sofort tosender Applaus ein. Viel eindringlicher als die Wappen in den anderen acht Bundesländern ist der rote Adler im Bewusstsein seiner Landeskinder verankert. Um die Wende vom 15. zum 16. Jahrhundert finden wir ihn zum ersten Mal auf einer Schützenfahne, die sich bis in unsere Tage erhalten hat. Der Adler, den wir auch weiß dargestellt kennen, war immer mit dabei, wenn die Tiroler Schützen im Sinne des „Landlibells" von 1511 zur Landesverteidigung aufgerufen waren, und zuletzt führten ihn die Alten und die ganz Jungen 1915 auf ihren Standschützenfahnen ins Feld.

Einige Bundesländerwappen tragen monarchische Symbole, der Tiroler Adler zeigt heute nichts mehr dergleichen, aber dafür trägt er seit gut 300 Jahren ein „Ehrenkränzel" von grüner Farbe, dessen Deutung den Heraldikern noch immer Rätsel aufgibt, das aber vielleicht in Zusammenhang mit den grün-weißen Schützenfahnen von einst stehen könnte.

Ganz Tirol, eingeschlossen auch das heute mit großzügiger Autonomie ausgestattete und 1918 an Italien abgetretene Südtirol sowie das einstige „Welschtirol", hieß einst „Land der Gebirge". Als einziges Ostalpenland umfasst Tirol die nördlichen Kalkalpen, die Zentralalpen und die südlichen Kalkalpen – also alle Hauptgebirgszüge der Ostalpen. Längstäler und Übergänge machen das Land zum Durchzugsland in alle Himmelsrichtungen, und das wiederum hat die Geschichte Tirols durch alle Zeiten entscheidend geprägt, bis hin zur Alpentransit-Diskussion unserer unmittelbaren Gegenwart. In der wechselvollen frühen Landesgeschichte – den Grafen von Tirol folgten die Grafen von Görz und 1363 schließlich die Habsburger – finden wir drei herausragende Persönlichkeiten: Herzog Friedrich IV. „mit der leeren Tasche", der 1420 die Residenz von Schloss Tirol bei Meran nach Innsbruck verlegte, sowie Sigmund „den Münzreichen", dem die Tiroler zur Freude der Tourismusbranche meist das „Goldene Dachl" in Innsbruck zuschreiben, und Kaiser Maximilian I., dessen skeptischen und mit der Zeile „mich wundert's, dass ich so fröhlich bin" endenden Spruch man heute noch, mit Kreide geschrieben, auf seinem Bett in Schloss Tratzberg im Inntal lesen kann.

Die 2738 feuervergoldeten Kupferschindeln für das „Dachl" hat allerdings Maximilian und keiner seiner beiden Vorgänger spendiert.

86 Das Kitzbüheler Horn
und sein Sendemast sind weithin sichtbare Wahrzeichen der Wintersportstadt in den Kitzbüheler Alpen.

Während der Franzosenkriege war Tirol von 1805 bis 1814 bayerisch: Napoleon hatte das Land seinem treuen Verbündeten überlassen. Aus Tiroler Sicht sind der Freiheitskampf von 1809, sein Anführer Andreas Hofer und dessen tragisches Ende auch heute noch Symbole der Landesgeschichte. Hofers Denkmal in der Innsbrucker Hofkirche trägt seit 1918 wegen des Verlustes Südtirols als Folge des Ersten Weltkrieges einen schwarzen Trauerflor. Überhaupt bedeutete die neue Grenzziehung ja faktisch eine Dreiteilung Tirols, denn durch den Verlust des Pustertals war der Landesteil südlich der Hohen Tauern, der uns heute als Osttirol vertraut ist, von der Landeshauptstadt Innsbruck nur mehr über zeitraubende Umwege zu erreichen. Gegen immer wieder auftauchende Pläne, Osttirol mit dem angrenzenden Kärnten zu vereinen, wollte Tirols legendärer Landeshauptmann Eduard Wallnöfer im Ernstfall sogar die Schützen, deren Ehrenkommandant er war, mobilisieren. Seither wird darüber nicht mehr gesprochen.

87 Wilder Kaiser
Der Wilde Kaiser östlich von Kufstein ist Teil des Kaisergebirges zwischen Inn und Großer Ache. Die 22 km lange Kalkkette gilt als Kletterparadies, dessen begehrteste Ziele etwa „Fleischbank" oder „Totenkirchl" heißen.

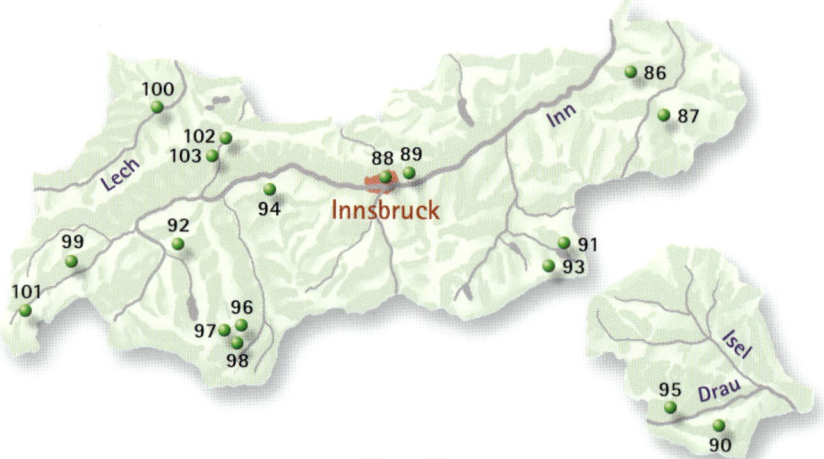

88 Innsbruck

Die Landeshauptstadt lässt aus der Luft den mittelalterlichen Stadtkern und den Verlauf der alten Gassen noch genau erkennen (oben Hofburg und Dom, ganz rechts Hofkirche und Landestheater).

89 Hall in Tirol

Hall verdankt seinen Reichtum dem Salzabbau, der Schifffahrt auf dem Inn und dem Recht zum Prägen von Münzen. Die vom ehemaligen Stadtgraben umschlossene Altstadt hat sich bis heute unversehrt erhalten.

Die im südlichen Landesteil bald einsetzende massive Politik der Italianisierung und die Umsiedlung von mehr als 70 000 Südtirolern in das Deutsche Reich waren für alle Tiroler eine schwere Last. Gelöst wurde das Südtirolproblem erst vor wenigen Jahren durch ein weit reichendes Autonomiestatut, die EU-Mitgliedschaft Österreichs beseitigte die Grenze zwischen beiden Landesteilen, und so wächst das historische Tirol wieder zu einer Einheit im nachbarschaftlich-europäischen Sinn zusammen.

Kaum ein anderes der neun österreichischen Länder hat unter seiner Geschichte in einem Ausmaß zu leiden gehabt wie Tirol. Dies könnte der Grund sein, warum die Tiroler mit einer Beharrlichkeit, die man anderswo kaum findet, vor allem Tirol und dann erst Österreich als ihre eigentliche Heimat ansehen. Die Landeseinheit und deren Bewahrung sind nur ein Teil, wenn auch nicht der unwichtigste, dieses Bewusstseins, das sich nach außen im Schützenwesen darstellt, einer großen Organisation, die zwar auf den alten Traditionen der Tiroler Landesverteidigung aufbaut, sich aber die Bewahrung des gesamten Schatzes an Tiroler Überlieferung zur Aufgabe gesetzt hat. Freilich ist auch darüber die Zeit hinweggegangen, und ein Teil der selbstbewussten Tiroler Jugend fordert dazu auf, nicht nur Vergangenes zu bewahren, sondern gemeinsam neue Wege zu gehen.

Für den Nicht-Tiroler ist Tirol das Aushängeschild des heimischen Tourismus, vor allem des Wintersportes: Hannes Schneider, Toni Sailer, Karl Schranz – ihre Namen seien stellvertretend für die vielen Sportstars genannt, die ihre Bekanntheit in die Dienste des Fremdenverkehrs gestellt haben.

90 **Obertilliach in Osttirol** – Dachlandschaft im Winter.

Der Arlberg, Kitzbühel und viele andere Schiregionen: Können wir uns noch vorstellen, wie es in diesen kleinen Tiroler Städten und Dörfern einmal gewesen ist, als die Welt noch Urlaub mit Sommerfrische gleichsetzte und man dem Winter durch Flucht in wärmere Regionen zu entkommen trachtete – vorausgesetzt, man konnte sich das auch leisten?

Daniel Spitzer hat das Kitzbühel der Vor-Hahnenkamm-Ära noch erlebt und es 1877 den Lesern der „Neuen Freien Presse" auch beschrieben: „Eine der behaglichsten und besuchtesten Sommerfrischen oder wie der Tiroler Bauer diese vielleicht richtiger benennt, ‚Sommerfeisten', ist Kitzbühel, das durch seine Lage in einem der herrlichsten Täler des Unterinntals, durch die schöne Rundsicht vom Kitzbühler Horn aus und endlich auch durch die ausgezeichnete Bewirtung im berühmten Gasthaus ‚Zum Tiefenbrunner' nicht nur Touristen, sondern auch solche Gästen anlockt, die mehrere Ferienwochen im Beschauen und Verdauen zubringen wollten."

91 Der leere Zillergründl-Speicher
am Zillergrund, dem Oberlauf des Ziller,
in 1850 m Höhe. Der Speicher ist Teil der
Zemm-Ziller-Kraftwerksanlage.

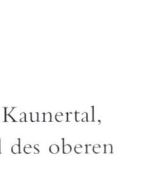

92 Burg Berneck
aus dem 13. Jahrhundert, im Kaunertal,
einem südöstlichen Nebental des oberen
Inntales, gelegen.

93 Zillertaler Alpen
Die Zillertaler Alpen – Zillerplattenspitze, Reichenspitze, Glockenkarkopf – sind durch die Senke Gerlostal-Gerlospass-Salzachtal
von den Kitzbüheler Alpen getrennt. Sie werden im Sommer und im Winter von Bergsteigern und Schifahrern gern besucht.

94 Stift Stams

Das Zisterzienserstift Stams im oberen Inntal, heute längst barockisiert, wurde 1273 gegründet, war Begräbnisstätte der Tiroler Landesfürsten und ist jetzt Heimstätte einer höheren Schule für den schisportlichen Nachwuchs.

Die Kost in den Tiroler Gasthäusern schien es der Generation früher Sommergäste überhaupt angetan zu haben. Der damals sehr populäre Münchener Reiseschriftsteller Ludwig Steub machte Tirol seinen Landsleuten im buchstäblichen Sinn schmackhaft, als er ihnen ein Nachtmahl in Steeg im Lechtal beschrieb: „Man tischte mir Forellen auf, vortreffliche Forellen aus dem Lech, der vor den Fenstern brauste. Diese zarten Fischchen finden sich in fast allen tirolischen Alpenbächen und sind eine höchst dankenswerte Gottesgabe in den unbesuchten Bergtälern, denn wenn aller Fleischvorrat ausgegangen ist, so trifft der müde Wanderer in der schlichtesten Herberge noch frische Forellen und genießt dabei den Vorteil, sie nicht als Leckerbissen, sondern nur als Hausmannskost bezahlen zu müssen." Zerstreuung gab es höchstens beim wöchentlichen Konzert der örtlichen Musikkapelle, den Begriff „event" kannte nur, wer sich in der angelsächsischen Welt umgetan hatte oder eine der raren fortschrittlichen Schulen besuchte, in der die englische Sprache auf dem Lehrplan stand. Dass ein „event" in den Tiroler Bergen einmal etwas ganz anderes bedeuten würde, daran dachte damals wirklich niemand.

Aber war es in jenen lang zurückliegenden Tiroler Sommerfrischenjahren langweilig? Keineswegs – man spürte Natur und Landschaft, auch wenn man noch ein Kind war: „Das Lodenmäntelchen umgehängt, einen spitzigen grünen Hut auf, so zog ich mit dem Freund durch den grünen Regen ...", erinnert sich der Tiroler Schriftsteller Josef Leitgeb an seine Kindheitsferien am Arlberg. „Selten begegnete uns jemand auf unserem Gang, der Regen hing über den Bergen, im Tal rauchte der Nebel, auch hier stand die Zeit still und es war ewiger Regen um uns. Dann stieg da und dort blauer Holzrauch aus den Dächern und das ganze Dorf begann nach Kaffee zu riechen." Der Fremdenverkehr hatte überall, aber besonders in Tirol, für völligen Umbruch und für neue Strukturen gesorgt. Ferien wie die des kleinen Josef Leitgeb gibt es schon lange nicht mehr. Lohnt es sich, dies zu beklagen? Dem Tourismus haben wir unseren Nachkriegs-Wohlstand zu danken, und der Anteil Tirols daran kann sich sehen lassen. Die Österreicher sind eine Schi fahrende Weltmacht geworden – das kann man bedauern, man kann daran zweifeln, wie lange die Natur das noch aushält, aber rückgängig machen kann man es nicht mehr.

Der Komponist Ernst Krenek, der oft und gern in Österreich unterwegs war und dem wir das „Reisebuch aus den österreichischen Alpen" verdanken, hat das Beharrungsvermögen der Landschaft nach einem ländlichen Fest unter heftiger Teilnahme der Sommergäste erlebt und beschrieben: „Als der Sommerwind die letzten Schwaden aus dem durch zwölf Stunden vollgequalmten Saal blies, war die große Stille wieder nur von dem silbernen Läuten der fernen Herden weniger gestört als unterstrichen." Kulturpessimisten mögen daraus neue Hoffnung schöpfen.

95 Almwiesen bei St. Oswald im Pustertal in Osttirol.

96 Wildspitze, Ötztaler Alpen
Das Gipfelkreuz in 3768 m Seehöhe.

97 Wildspitze
Der Hauptkamm der Wildspitze
im Sommer.

98 Wildspitze, Eiswand
Die gefürchtete Eiswand
macht die Wildspitze zum
höchsten vereisten Gipfel
der Ötztaler Alpen.

99 Bergdorf im Paznauntal
bei Ischgl im westlichen Tirol.

100 Der Lech bei Weißenbach
Das Lech-Gries bei Weißenbach,
wo sich der in Vorarlberg ent-
springende Bergfluss ständig ein
neues Bett gräbt und das Tal jeder
forstlichen oder landwirtschaft-
lichen Nutzung entzieht.
Rund 78 km seiner Strecke legt
der Lech in Tirol zurück, ehe er
Österreich bei Füssen verlässt.

101　**Galtür** ist einer der Hauptorte im Paznauntal. Ortsnamen wie dieser erinnern noch an die ursprüngliche rätoromanische Bevölkerung des Tales. Galtür wurde am 23. Februar 1999 von einer verheerenden Lawinenkatastrophe heimgesucht.

102, 103 Fernpass

Eine kleine Insel im Fernsteinsee. Dieser schon von den Römern benutzte Übergang in 1216 m Höhe war durch die Jahrhunderte
immer Teil einer wichtigen Nord-Süd-Verbindung. Rechte Seite: Winterwald am Fernpass, in dessen unmittelbarer Nähe mehrere kleine Seen liegen.

Vorarlberg

Als wir im westlichsten Bundesland Österreichs eine Folge der ORF-Fernsehsendung „Heimat" über den Bregenzer Wald drehten, sagte uns einer der Bewohner, nein, in Wien sei er noch nie gewesen, die Stadt sei ja so entlegen. Sind schon das Vorarlberger Rheintal und der Bregenzerwald zwei ganz verschiedene Welten, so stehen sich Österreichs „Westler" und „Ostler" zwar neugierig und mit Verständnis, aber sonst doch eher fremd gegenüber, auch wenn die in Wien lebenden Vorarlberger, eine gar nicht so kleine Gruppe mit viel Durchsetzungskraft, allerhand tun, um den alten Witz: „Was Gott durch einen Berg getrennt hat, soll der Mensch nicht durch ein Loch verbinden", endgültig in die Sammlung abgestandenen Humors zu verweisen. Die eindrucksvollen Leistungen der Vorarlberger Wirtschaft, vor allem im Energie- und im Textilbereich, und die kulturelle Aufgeschlossenheit, die sich auch – aber nicht nur – am Beispiel der Bregenzer Festspiele nachweisen lässt, machen das fleißige Vorarlberg zu einem Musterland unserer Wirtschaftsstatistik.

Vorarlberg liegt ziemlich genau in der Mitte des Alpenbogens, einerseits sind es rund 500 Kilometer bis zum Wienerwald, andererseits ebenfalls rund 500 Kilometer bis zu den Seealpen am Mittelmeer. Vier Fünftel der insgesamt 340 Kilometer langen Landesgrenze sind leicht zu überwindende Auslandsgrenze, 23 Straßen, eine Autobahn und drei Eisenbahnlinien verbinden Vorarlberg mit seinen nördlichen und westlichen Nachbarn. Das restliche Fünftel Grenze aller-

104 Die Seebühne hat Bregenz längst zur respektablen Festspielstadt gemacht.

dings ist ein mehr als 2000 Meter hoher Gebirgszug, der Vorarlberg von Tirol und damit vom übrigen Österreich trennt. Seit 1884 ist der Arlberg durch einen Tunnel für die Eisenbahn passierbar, aber erst 1978 wurde der Straßentunnel eröffnet. Eine vor einigen Jahren vorgelegte Wirtschaftsstudie fasst die geografische Position des Landes eindrucksvoll zusammen: „St. Gallen, Zürich, Winterthur oder Ulm sind von Vorarlberg leichter zu erreichen als Innsbruck. Die Industriestädte Stuttgart, Basel und Karlsruhe liegen näher als Salzburg, und vom Rheintal aus ist Paris mit der Bahn rascher zu erreichen als Wien."

105 Der Pfänder ist der Hausberg von Bregenz, der Hauptstadt des westlichsten Bundeslandes Vorarlberg.

106 Gfäll, Hittisau, Bregenzer Wald

Der Bregenzerwald ist das Bergland zwischen Bodensee und
Hochtannberg. Während der „Vorderwald", wie die Umgebung
von Gfäll und Hittisau heißt, eine Mittelgebirgslandschaft ist,
hat der „Hinterwald" bereits Hochgebirgscharakter.
Die selbstbewussten Bregenzerwälder genossen durch Jahrhunderte Freiheiten demokratischer Selbstverwaltung, wie sie
anderswo damals noch undenkbar waren.

Das österreichische, genauer das vorarlbergische Rheintal ist Kern des Siedlungsgebietes im Land, es weist die hohe Bevölkerungsdichte von 1500 Einwohnern pro Quadratkilometer auf – verständlich, denn nicht mehr als elf Prozent der Fläche Vorarlbergs erlauben eine Daueransiedlung.

Vorarlberg ist Wasserscheide und Klimascheide: Nur aus dem obersten Lechtal und dem Kleinwalsertal fließt das Wasser durch Lech und Breitach in die Donau und damit ins Schwarze Meer. Alle anderen Flüsse Vorarlbergs münden in den Rhein, damit in den nach dem Genfer See zweitgrößten See Europas, den Bodensee, und schließlich in die Nordsee. Das atlantische Klima im Land sorgt für größere Niederschlagsmengen, und die wiederum sorgen für schneesichere Winter.

Einer der ganz frühen Wintersportgäste, die den Vorarlberger Winter sehr schnell schätzen gelernt haben, war Ernest Hemingway. Seine Erinnerungen an die Zeit, als er noch ebenso arm wie glücklich war, sind unter dem deutschen Titel „Paris – ein Fest fürs Leben" erschienen. Was er über die von ihm mit Frau und Kind zwischen 1921 und 1926 in Schruns im Montafon verbrachten Winter geschrieben hat, ist eine Lobpreisung der Berge und des Schifahrens, erlebt in jenen fernen Jahren, als es noch keine „Aufstiegshilfen" gab, als Tiefschneeabfahrten noch der Lohn für stundenlange Aufstiege mit Seehundfellen waren: „Wir liebten Vorarlberg, und wir liebten Schruns", schreibt Ernest Hemingway, „wir fuhren gegen Ende November hin und blieben beinahe bis Ostern. Man konnte immer Ski laufen, obwohl Schruns für einen Wintersportplatz – außer in einem Winter mit schweren Schneefällen – nicht hoch genug lag." Ins Gästebuch des Hotels „Taube" hatte sich Hemingway am 15. März 1926 eingetragen.

Blättert man darin, findet man nicht nur seinen Namen, sondern auch die seiner Frau und seines Sohnes. Und direkt darüber entdeckt man die Unterschrift von John Dos Passos, auch er einer aus der Gruppe junger Amerikaner, die dem winterlichen Paris den Rücken gekehrt hatten. Den sportlichen Höhepunkt des Montafoner Schivergnügens gab es immer erst im Frühjahr: Die große Gletscherabfahrt, „glatt und gerade, endlos gerade, wenn unsere Beine es durchhalten konnten, die Knöchel aneinandergedrückt, liefen wir ganz tief geduckt, überließen uns der Geschwindigkeit und glitten endlos, im stillen Zischen des körnigen Pulverschnees. Es war schöner als jedes Fliegen …"

Vorarlbergs Geschichte ist anders verlaufen als die fast aller anderen österreichischen Länder. Im Mittelalter waren durch 300 Jahre die Grafen von Montfort die dominierende Familie im Land, ihr Banner, eine rote Kirchenfahne auf silbernem Schild, ist heute das offizielle Wappen des Landes. Der Weg zur Bildung eines Landes Vorarlberg war ein überaus langwieriger, von vielen Rückschlägen gekennzeichneter Prozess, der erst im 19. Jahrhundert abgeschlossen wurde.

107 Rheintal

Das dicht besiedelte vorarlbergische Rheintal weist, wie hier bei Koblach, eine hohe Bevölkerungsdichte von 1500 Einwohnern pro Quadratkilometer auf. Von hier ist man schneller in Paris als in Wien.

Bemerkenswert dabei ist freilich, dass Bauern und Bürger dies zu nutzen wussten und gegen Adel und Geistlichkeit ein weitgehendes Maß an landständischer Demokratie erzwangen, die 1861 zur Schaffung eines eigenen Landtages führte. Trotzdem wurde Vorarlberg bis 1918 von Tirol aus verwaltet und verlor während des NS-Zeit noch einmal seine Selbstständigkeit, als beide Länder abermals zusammengelegt wurden. Den Traum vom Anschluss an das große Deutschland, den man im übrigen Österreich nach dem Ende der Donaumonarchie geträumt hatte, den träumte man im Land der österreichischen Alemannen nie. Aber da diese eine Mischung aus schweizerischer Nüchternheit und unösterreichischer Zuverlässigkeit sind, dachte man damals lieber über einen Beitritt zur Eidgenossenschaft nach, die aber an Neubürgern aus dem verarmten und ausgehungerten österreichischen Kleinstaat kein Interesse hatte und sich hütete, eine solche Willensbekundung auch anzunehmen. In Vorarlberg ist das heute kein Thema mehr. Das Land hat sich schon lange anders orientiert und genießt es, im Konzert der Bundesländer eine Muster- und Vorbildrolle zu spielen. Vorarlberg ist aber das einzige Bundesland, das sich in seiner Verfassung als Staat bezeichnet, und wer solches Selbstbewusstsein gern und offen zeigt, für den kann die Bundeshauptstadt und die durch sie verkörperte Zentralgewalt durchaus „entlegen" sein – ein erkennbares Bedürfnis, diese Distanz zu verkürzen oder gar abzubauen, besteht jedenfalls nicht.

108 St. Christoph am Arlberg
ist aus einem Hospiz auf dem Arlbergpass hervorgegangen, das bereits gegen Ende des 14. Jahrhunderts errichtet wurde. St. Christoph zählt zu den exklusivsten Wintersportorten der Arlbergregion.

109 Lech am Arlberg
Auch Lech ist ein exklusives Wintersportzentrum, in dem man die Errichtung moderner technischer Sportanlagen mit der Erhaltung des alten Ortsbildes in Einklang zu bringen wusste.

110 Montafon

Das Montafon ist das südlichste Tal von Vorarlberg. Noch um die Wende vom 19. zum 20. Jahrhundert waren viele Montafoner Pendler, erst der Kraftwerksbau in der Region und der Wintertourismus haben viele neue Arbeitsplätze geschaffen und den Montafonern einen gewissen Wohlstand gebracht.

111 Damülser Horn, Großes Walsertal
Damüls im hinteren Bregenzerwald ist eine der ältesten Walsersiedlungen des Landes. In unmittelbarer Nähe befindet sich das Naturschutzgebiet um das Furkajoch. Die Walser besiedelten vom schweizerischen Oberwallis aus zunächst das obere Rheintal und dann verschiedene Hochtäler in Vorarlberg.

112 Die Silvretta-Hochalpenstraße
führt über 32 Kehren vom Vorarlberger
Montafon ins Tiroler Paznauntal.
Die Straße ist insgesamt 22,5 km lang.

113 Schesaplana, Lünersee
Der 1970 m hoch gelegene Lünersee
war vor seiner Erweiterung zum Kraft-
werksspeicher der größte natürliche
Hochgebirgssee in Vorarlberg. Der See
liegt östlich des Brandner Gletschers
der fast 3000 m hohen Schesaplana.

114 Silvretta

In der Silvrettagruppe im Grenzgebirge zwischen Österreich und der Schweiz ragen drei Dreitausender zum Himmel:
der Piz Buin (3312 m), das Silvrettahorn (3244 m) und die Dreiländerspitze (3197 m).

Kärnten

Irgendwo findet sich für Kärnten, wo schon der Süden an die Tür klopft, die Bezeichnung „das Land der Seen und Marterln". Beides, große und kleine, überlaufene wie versteckte Seen und unzählige Bildstöcke, die der Sprachgebrauch seit jeher „Marterln" nennt, prägen das Gesicht des Landes zwischen den Hohen Tauern und den Gurktaler Alpen einerseits, den Karawanken und dem Karnischen Kamm andererseits. Dazwischen liegen dichte Wälder und grüne Täler, Berge, auf denen Burgen, wie Hochosterwitz, und Kirchen und Kapellen, christianisierte keltische Heiligtümer, thronen. Zu den bekanntesten Seen gehören der Wörther- und der Millstätter See, der Ossiacher- und der Faaker See, zu den weniger bekannten zählen – nicht weniger romantisch – der Keutschacher-, der Turner- oder der Brennsee und der Weissensee. Das Bild Kärntens prägen auch die kleinen und großen Städte, deren Geschichte irgendwo in grauer Vorzeit beginnt, Klagenfurt etwa mit seinem als Lindwurm posierenden Wollnashorn aus Stein, Friesach oder St. Veit an der Glan, der romanische Dom von Gurk, der der Kärntner Diözese seinen Namen gegeben hat, oder Maria Saal auf dem Zollfeld, mitten in einer Landschaft, deren Berge deutsche wie slawische Namen tragen und wo sich viel Mystisches als Volksbrauch in katholischem Gewand bis in die Gegenwart gerettet hat, wie etwa der Vier-Berge-Lauf.

Die Römer waren da und gaben ihrer Provinz Noricum den Namen eines untergegangenen König-

115 **Klagenfurt** – Kärntens Landeshauptstadt: Im Zentrum stehen Landhaus und Dom.

reiches, Slawen und später Baiern machten sich im Kärntner Becken sesshaft, und die 976 erfolgte Erhebung des Landes zum selbstständigen Herzogtum, dem ältesten auf österreichischem Boden, ließ die Kärntner 1996 ein wenig von oben herab die Jahrtausendfeiern Österreichs verfolgen, in denen man eben „nur" der erstmaligen Erwähnung eines als „ostarrîchi" bezeichneten Gebiets im westlichen Niederösterreich gedachte. In jenem Jahr 976, als Kärnten Herzogtum wurde, werden wenigstens auch die Babenberger erstmals als Markgrafen von Österreich genannt.

116 Die Veldener Bucht des Wörthersees – Wer im Schlosshotel Quartier sucht, wird enttäuscht, das Haus ist seit Jahren geschlossen.

117 Schloss Falkenstein
Am Weg über die Hohen Tauern: Schloss Falkenstein im Mölltal bei Obervellach.

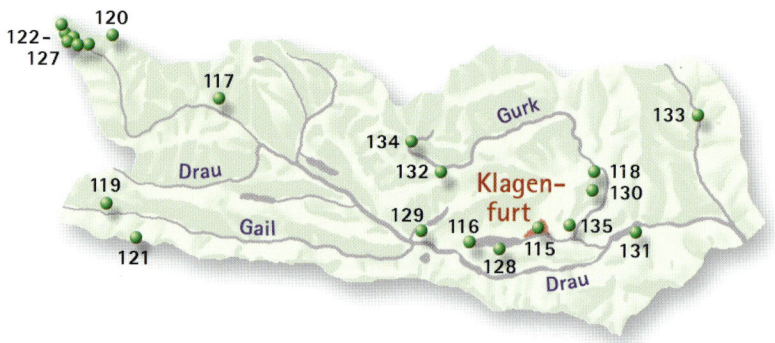

„Fürstenstein" und „Herzogsstuhl" erinnern auf dem Zollfeld an die Einsetzung der frühen Herzöge von Kärnten und sind bis heute ein Symbol für das Zusammenwirken von Fürst und Volk bei der Begründung der Herrschaft. Verschiedenen Familien, die das Land regierten, folgten 1335 die Habsburger, folgte während der Franzosenkriege die vorübergehende Zugehörigkeit zum „Illyrischen Königreich" von Napoleons Gnaden, bis Kärnten 1849 wieder selbstständiges Kronland wurde.

1918/19 drängten die Kärntner südslawische Truppen, die Teile des Landes besetzt hatten, wieder über die Grenze zurück, bei einer Volksabstimmung am 10. Oktober 1920 stimmte eine Mehrheit von 59 Prozent – mit vielen Stimmen von Kärntner Slowenen – für den Verbleib des gemischtsprachigen Gebietes bei Österreich. Auch wenn die Slowenenvertreter heute noch immer darauf hinweisen, dass die volle Erfüllung der Staatsvertragsbestimmungen über den Minderheitenschutz nach wie vor aussteht, hat sich das Klima zwischen den beiden Volksgruppen in Kärnten nach den geopolitischen Veränderungen in Südosteuropa, vor allem aber nach dem Zerfall Jugoslawiens, spürbar entspannt. Auch im Süden Österreichs sind die alten regionalen Strukturen und die traditionellen Nachbarschaften, sind die wieder zusammenwachsenden Regionen stärker und schneller als die Politik. Das Scheitern der Pläne, Olympische Winterspiele in Kärnten, Slowenien und Friaul – Julisch-Venetien zu veranstalten, also in einem Dreiländereck, das ein Schnittpunkt dreier Sprachen und Kulturen ist, kann nicht genug beklagt werden.

118 Die Burg Hochosterwitz
ragt über die Morgennebel. Besucher durchwandern 14 Tore und passieren fünf Zugbrücken.

119 **Im Lesachtal** liegen Siedlungen und Verbindungswege oft 300 m über dem Talboden.

120 **Großglockner-Hochalpenstraße** – Mehr als 1,2 Millionen Besucher nützen jedes Jahr die Großglockner-Hochalpenstraße für einen Ausflug ins Hochgebirge. Die Jahrhunderte während Furcht des Menschen vor den scheinbar unbezwingbaren eisbedeckten Höhen ist längst überwunden.

Die Kärntner Landschaft ist eine richtige Ferienlandschaft. Die Großstädter haben die Seen entdeckt, die Eisenbahn hat sie leichter und bequem erreichbar gemacht. Und hatte sich erst einmal eine der „großen Familien" der Hauptstadt eine Sommervilla errichten lassen, dann waren Ort und See „in Mode", was dem Feuilletonisten Daniel Spitzer schon 1883 einen gequälten Seufzer entlockte: „Ach, das arme Pörtschach fängt schon an, ein Modebad zu werden!" Und ein Menschenalter später konnte Robert Musil – ein Klagenfurter! – dem Wiener Literaturkritiker Oskar Maurus Fontana bereits schreiben: „Ich sitze weniger – wie Sie vermuten – im Grünen, sondern liege im Blauen, und dieser herrliche See, in dem man spazieren schwimmt, hat für mich noch den großen Nachteil, daß man nicht das Manuskript ins Wasser mitnehmen kann. So daß ich schon allen Ernstes daran dachte, nach Ablauf dieses Monats wieder für ein paar Wochen nach Wien arbeiten zu kommen. Indes sucht meine Frau neue Sommerfrischen, welche nicht so schwere Anforderungen an meinen Charakter stellen."

Der höchste Berg Österreichs, der Großglockner, ist ein Kärntner, auch wenn auf dem Glocknermassiv im Nordwesten des Landes die Ländergrenzen Kärntens, Osttirols und Salzburgs zusammentreffen. Allein: Der Großglockner, mit seinen 3798 Metern König unter Österreichs Bergen, liegt ganz auf Kärntner Boden, da er vom Hauptkamm ein gutes Stück nach Süden vorgeschoben ist. Will man also von Salzburg aus die Nähe des Großglockners erreichen, muss man zuerst auf der Großglockner-Hochalpenstraße noch zwei Pässe überwinden. Schon zu Ende des 18. Jahrhunderts galt der Großglockner als höchster Gipfel Österreichs, aber die Landvermessung wies später nach, dass der Ortler in Südtirol um 101 Meter höher ist. Erst durch den Verlust Südtirols wurde der Glockner wirklich zum höchsten Gipfel Österreichs.

121 Der Plöckenpass
ist ein wichtiger Übergang über die Karnischen Alpen zwischen dem Gailtal und dem Tal des Tagliamento.
Die Straße folgt einem alten Römerweg und führt durch einen der Schauplätze des Gebirgskrieges zwischen 1915 und 1918.

Der Großglockner war immer schon ein berühmter Berg, aber sich ihm allzu leichtfertig zu nähern, kann auch heute noch tödliche Gefahr bedeuten. 1990 etwa erfroren sieben Bergsteiger während einer Glocknertour, drei stürzten tödlich ab.

Im Sommer 2000 feierte man das 200-Jahr-Jubiläum der Erstbesteigung. Der Kärntner Fürstbischof Salm hat damals viel (eigenes) Geld in die Vorbereitungen investiert, ließ Hütten bauen, die Schutz vor überraschenden und gefährlichen Wetterumschwüngen gewähren sollten, und sorgte für die Zusammenstellung mehrerer Gruppen, die 1799 und 1800 den Glocknergipfel erreichen sollten. Es muss ein abenteuerliches Bild gewesen sein, als zuerst 30 und ein Jahr später sogar 62 Männer zum Gipfelsturm ausrückten. Sie führten Leitern und lange Stangen mit sich, denn mit Seilen wussten die Bergsteiger damals noch nichts anzufangen.

Am 29. Juli 1800 waren dann ein Pfarrer und vier Zimmerleute aus Heiligenblut am Ziel: Der Gipfel des Großglockners war bezwungen! Den Kardinal Salm allerdings hatte die Eroberung des Berges nach heutigem Geld rund 2,5 Millionen Schilling gekostet, das hat das Reisemagazin „Geo" nachgerechnet.

Hat man Gelegenheit, den Großglockner nicht nur vom Auto oder der Hüttenterrasse zu beobachten, sondern etwa vom Wasserfallwinkel in die Nordabstürze des Berges hineinzuschauen, dann sieht man einen feinen Eisschlauch, der sich gegen den Gipfel hinaufzieht: die Pallavicini-Rinne, zum ersten Mal 1876 durchstiegen; der Bergführer schlug nicht weniger als 2500 Stufen ins Eis, elf Stunden hat er dafür gebraucht.

122 Der Großglockner, höchster Berg Österreichs, ist ein Kärntner, auch wenn auf dem Glocknermassiv die Ländergrenzen Kärntens, Osttirols und Salzburgs zusammentreffen.

123 Hubschrauber-Bergung aus der Pallavicini-Rinne 1974

Hubschrauber und Flugretter (rechts oben) wirken angesichts des Steilabfalls der Wand winzig klein. Pilot und Besatzung hatten gewagt und gewonnen, wenn auch unter Einsatz des eigenen Lebens.

Für Eiskletterer und Schiakrobaten ist die Pallavicini-Rinne heute eine beliebte Tour, es mag ein Nervenkitzel sein, um die tödliche Gefahr jedes Fehltrittes zu wissen, Bergretter und Hubschrauberpiloten setzen aber im Ernstfall ihr Leben aufs Spiel, um Überlebende und Tote zu bergen.

Als erster Pilot in der Geschichte des alpinen Rettungswesens hatte Alfred Havlicek am 4. August 1974 die Rettung eines abgestürzten Bergsteigers aus der Pallavicini-Rinne mit dem Hubschrauber gewagt. Begleitet von einem Flugtechniker und einem Militärarzt vollbrachte Havlicek damals die fliegerische Meisterleistung eines beinahe auf den Zentimeter genauen Anflugs. Nach der geglückten Rettung, bei der Oberstleutnantarzt Dr. Jenny zuerst zu dem Schwerverletzten abgeseilt und nach erster Versorgung mit ihm zusammen wieder hochgezogen wurde, erklärte der Pilot: „Ich musste bis auf zwei Meter an die Wand heran, im furchtbaren Steinschlag. Ein Treffer hätte unseren Tod bedeutet." Diese Bergung unter Lebensgefahr machte damals Schlagzeilen, „nur die Schweizer Rettungsflugwacht", schrieb eine Münchner Zeitung, „vollbrachte bisher einen vergleichbaren Einsatz an der Eiger-Nordwand". Vier Tage später war Havlicek abermals zur Pallavicini-Rinne unterwegs, eine Zweierseilschaft war abgestürzt, einer der beiden Männer hatte den Sturz in 400 Meter Tiefe schwerverletzt überlebt. Als nach dem Schwerverletzten auch der tote Bergsteiger geborgen werden sollte, brach ein Hagelgewitter mit heftigen Sturmböen los, wieder gelangen Flug und Bergung nur unter Einsatz des eigenen Lebens. Als sichtbare Anerkennung dafür verlieh der „Österreichische Alpenverein" dem wagemutigen Piloten das 1923 gestiftete „Ehrenzeichen für Rettung aus Bergnot", eine sehr selten vergebene Auszeichnung für außerordentliche Leistungen zur Rettung von Menschenleben.

124 Großglockner, Pallavicini-Rinne

Die Pallavicini-Rinne im späten Tageslicht. Ihr Erstbezwinger, Alfred Markgraf Pallavicini, ist später am Großglockner tödlich verunglückt.
Ein Ausgleiten in der Rinne bedeutet den Sturz in fast 500 Meter Tiefe. Alfred Havlicek hatte am 4. August 1974 unter denkbar schlechten
Bedingungen zum ersten Mal mit dem Hubschrauber die Bergung eines Schwerverletzten aus der Pallavicini-Rinne gewagt.

einhold Messner zitiert gern den französischen Alpinisten Lionel Terray, der das Bergsteigen einmal als „Eroberung des Unnützen" gepriesen hat. Einer der fünf Erstbesteiger des Großglockners hat seine Eindrücke aufgeschrieben, als es auf dem Kleinglockner langsam Tag wurde: „In stummer Bewunderung sahen wir dem hohen, unnennbar erhabenen Schauspiel zu ... Die Natur feierte eine ihrer großen, heiligen Stunden." Die Jahrhunderte während Furcht des Menschen vor den scheinbar unbezwingbaren eisbedeckten Höhen war überwunden.

125 **Großglockner** – Endlich am Gipfel! Bei schönem Wetter ist das 3798 m über dem Meeresspiegel verankerte Gipfelkreuz ein gern gewähltes Ziel. Gipfeleinsamkeit sucht man an solchen Tagen vergebens.

126 **Großglockner, Franz-Josefs-Höhe**
Der Großglockner war immer schon ein berühmter Berg, aber sich ihm allzu leichtfertig zu nähern, kann tödliche Gefahr bedeuten.

127 **Großglockner** – Im violetten Licht eines frühen Winterabends wirkt Österreichs höchster Berg fremd und mystisch.

128 Halbinsel Maria Wörth – Die romanisch-gotische Kirche ist heute das Herz regen sommerlichen Badelebens um den Wörthersee.

129 **Burgruine Landskron** unweit des Ossiacher Sees.

130 Der Magdalensberg

hoch über dem Zollfeld ist nicht nur einer der vier heiligen Berge der Vierbergewallfahrt, sondern auch eine der bedeutendsten Ausgrabungsstätten in Österreich. Die Archäologen haben hier die Ruinen einer Großstadt aus keltisch-römischer Zeit freigelegt.

131 Die aufgestaute Drau bei Völkermarkt
Über die Brücke führt der Weg ins zweisprachige Jauntal, den südöstlichen Teil des Klagenfurter Beckens.

132 Wachsenberg

Nebel über Wachsenberg im Gurktal. Im Augenblick der Aufnahme erlitt Hermann Miller, Pilotenkamerad des Fotografen,
auf dem Nebensitz einen tödlichen Herzinfarkt. Sein letzter Blick wird wohl dem aus dem Nebel ragenden Turm gegolten haben.
Im Gespräch pflegt Alfred Havlicek im Gedenken an den Toten die Kirche einfach „Hermann Miller-Kirche" zu nennen.

133 Wintereinbruch im Lavanttal.

134 Ein Regenbogen überspannt das Tal bei Patergassen in den Gurktaler Alpen.

135 Es wird Abend über dem Klagenfurter Becken.

Steiermark

„Hoch vom Dachstein an ...“, singen die Steirer bei festlichen Anlässen zu einer Melodie des Grazer Domorganisten Ludwig Carl Seydler, der damit ein ursprünglich zehn Strophen zählendes Gedicht seines Landsmannes, des Buchhändlers Jakob Franz Dirnböck, vertont hatte. Und in den ersten Zeilen der seit 71 Jahren offiziellen Landeshymne wird das Land gleich geografisch bestimmt, wenn auch in den historischen Grenzen von 1914, die heute nicht mehr gelten, da der Ausgang des Ersten Weltkrieges die Abtretung der Untersteiermark an das heutige Slowenien mit sich brachte.

Es ginge nicht an, über die Steiermark zu schreiben, ohne des Erzherzogs Johann zu gedenken, der wahrscheinlich einer der begabtesten Habsburger gewesen und dessen Leben in der populären Darstellung für immer untrennbar mit der Steiermark verbunden ist, obwohl er in Florenz das Licht der Welt erblickte, lange in Wien und im niederösterreichischen Thernberg (in der Buckligen Welt) lebte und Tirol und den Tirolern aufs Engste verbunden war (was schließlich auch der Anlass für seinen erzwungenen Aufenthalt in Niederösterreich gewesen ist, wenngleich er sich dort durchaus behaglich fühlte). Wo anfangen, wenn von der Hilfe dieses Mannes beim steirischen Schritt in die Moderne die Rede ist? Gewiss hat er durch seine Heirat mit einer Ausseer Bürgerstochter die höfischen Konventionen als Erster aufgebrochen, aber für das Selbstverständnis der Steiermark im Österreich von heute muss wohl anderes gelten.

Der Grazer Volkskundler Hanns Koren hat den „steirischen Prinzen“ einmal so beschrieben: „Es war eine wissenschaftliche Grundgesinnung, es war ein optimistisches Vertrauen auf die Wissenschaft, die in allen seinen Unternehmungen, auch in den sogenannten praktischen, zutage tritt. Diese Grundhaltung war auch die Ursache der Solidität, der Gediegenheit und der Dauerhaftigkeit aller seiner in diesem Geiste begründeten Werke. Er war ein von der Wissenschaft Ergriffener, Wissenschaft war für ihn Gewissenssache.“ Dabei war Johann alles andere als ein Theoretiker. Koren weiter: „Das Joanneum, aus ihm hervorgehend die Technische Hochschule in Graz und die Montanistische Hochschule in Leoben, sind ... legitime Gründungen Erzherzog Johanns.“

Manches freilich, dem der Habsburger auf die Welt geholfen hat, hat den Zug der Zeit verpasst. Erzabbau und -verarbeitung waren nicht mehr kostendeckend, aber an die Stelle weltweit geschätzten steirischen Eisens sind Motoren- und Getriebekonstruktionen aus der Steiermark getreten. Und das hätte wohl auch Erzherzog Johann sehr schön gefunden, und es hätte ihn sehr gefreut ...

136 Das Mürztal
Ein klarer Tag im Raum Aflenz.

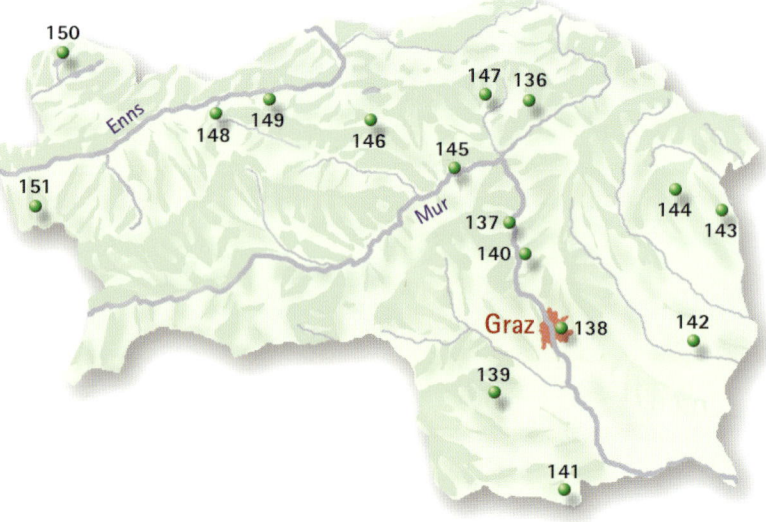

Die Landeshauptstadt Graz ist die zweitgrößte Stadt Österreichs, der Mittelpunkt regionalen Selbstbewusstseins, das nicht immer im Einklang zur Bundespolitik steht. Und die Stadt lässt auch den nahen Süden schon ahnen. Der steirische Dichter Franz Nabl hat dies in seiner wunderschönen „Steirischen Lebenswanderung" (auch eines der Bücher, zu denen man viel öfter greifen sollte) so beschrieben: „Alles mühselig menschliche Machwerk bröckelte ab und schrumpfte ein vor der endlosen Sicht, dem mild abwehrenden Hintergrund der Horizontberge, wurde klein und gedrückt unter der Himmelwölbung, mochte sich ausspannen ins Blau der Unendlichkeit, mochte sie sich freundlich oder drohend im Horizont verbergen. Nach Norden, Osten und Westen allerdings, wo die Vorhut der Berge bis gegen die Stadt anrückte, ja in sie hineindrängte, dort triumphierte die Landschaft ungebrochen ..."

137 Frohnleiten
auf einer Terrasse über der Mur zwischen Graz und Bruck.

138 Graz
Die zweitgrößte Stadt Österreichs und Landeshauptstadt der selbstbewussten Steiermark lässt schon den nahen Süden ahnen.

139 Schilcher Weinstraße
Bei Stainz, südwestlich von Graz, reift der Schilcher, eine besondere Weinsorte, die freilich nicht immer nach jedermanns Geschmack ist. Eine der steirischen Weinstraßen ist nach dem Schilcher benannt und erschließt die Weinbauregion um Stainz.

Franz Nabl lebte als Bub auf dem väterlichen Besitz im Norden, unweit von Mariazell, und dort hatte einmal ein freundlicher Straßenarbeiter, ein schon älterer Mann, den Buben über die Vielfalt seiner steirischen Heimat aufgeklärt: „Und beinahe unglaublich klang es dem Knaben, daß in dem gleichen Lande, das hier zwischen den Berghängen kein Edelobst und kein Getreide reifen ließ, nur kümmerliche Mostfrucht, Kartoffeln und Kraut, daß in dem gleichen Lande, dort wo die Berge zu Hügeln ausliefen und endlich absanken zur Ebene, Trauben und köstliche Äpfel gedeihen sollten und Edelkastanien und Türkenkorn und Kürbisse in ganzen, weit hingebreiteten Feldern. Zum erstenmal vernahm er da von den Windrädern auf hoher Stange im Weingarten, die so vom Lufthauch getrieben wurden und zum Klappern gebracht, wie hier vom Wasser die kleinen Schaufelräder, die die Kinder in Bäche und Quellen einbauten. Und wie die Ernten dort unten reicher und üppiger seien, als hier zwischen den schattenden und winterverlängernden Leiten, so sei auch alles übrige größer und reicher und prächtiger." Kann es eine liebevollere Beschreibung der Südsteiermark geben? Jene Region, in der da und dort noch die slowenische Sprache und die Volkskultur des südlichen Nachbarn daheim sind, hat es verstanden, sich im Bewusstsein der mitteleuropäischen Weintrinker fest zu verankern. Aber man sollte sie nicht nur im Herbst besuchen, die Südsteiermark, sondern auch während der anderen Jahreszeiten, auf einsamen Wegen, gelegentlich über stille Grenzübergänge mitten im dichten Wald auch zum slowenischen Nachbarn wechselnd.

140 Murtal
Die 454 km lange Mur ist der Hauptfluss der Steiermark, obwohl sie eigentlich in den salzburgerischen Radstätter Tauern entspringt, im Südosten die Grenze zu Slowenien bildet und bei Bad Radkersburg die Steiermark wieder verlässt.

Helmut Eisendle hat dies in seinem grünen Büchlein „Die südsteirische Weinstraße" so ausgedrückt: „Ist die straße nüchtern kannst du trinken ist sie betrunken bleibe nüchtern oder trink nach deinem mass", und erinnert daran, dass die Steiermark ja weiblichen Geschlechts sei und drei Töchter habe, die dem Wein verschworen seien, es gebe ja schließlich drei Weinstraßen, „eine im westen kitzeck eine im osten klöch und eine an der slowenischen grenze" (wobei hier nicht nur der Wortlaut, sondern auch die fehlende Interpunktion und die Kleinschreibung des steirischen Autors zitiert wurden). Und erst die Farben, diese Farben! „Der landstrich um die weinstrasse ist wie eine insel bebauter und wilder natur grün vielfärbig grün braun caput mortuum gelb der lehm mit seiner farbe die dem herbstlaub gleicht alle farben gibt es alle eine wonnige scala in jeder sprache."

Die offiziellen Landesfarben der Steiermark sind freilich viel weniger bunt. Aber der Fachmann weist darauf hin, dass das Wappen mit dem steirischen Panther in den Landesfarben Grün und Weiß seit gut 750 Jahren unverändert benützt wird und damit eines der ältesten Wappen Europas darstellt. Steirische Volksschüler lernen, dass der untere – grüne – Streifen der Landesfarben die dunkelgrünen steirischen Wälder bedeute, der weiße Streifen darüber dagegen das helle Grau des Kalkgebirges und seine Schneehaube symbolisiere.

141 Südsteirische Weinstraße
Die südsteirische Weinstraße bei Leutschach vermittelt schon das Lebensgefühl des Südens. Hier gedeiht neben anderen Sorten auch der begehrte steirische Welschriesling.

Das Verdienst der Erforschung und Besteigung der obersteirischen Berge kommt abermals dem Erzherzog Johann zu, der zu seinem 40. Geburtstag in sein Tagebuch schrieb: „Auf die Berge hatte ich meinen Sinn gewendet, das Wie und Warum vermag ich selbst nicht zu erklären, kurz, dahin zog es mich von frühester Jugend hin." Und so dürfen wir ihn auch wohl zu den Pionieren des steirischen Fremdenverkehrs zählen, denn seinem Beispiel und dem seines ausgedehnten Freundeskreises folgten noch vor der Mitte des 19. Jahrhunderts viele Wiener und Grazer, deren Stadtmüdigkeit sie wenigstens zeitweilig Erholung in der Natur suchen und finden ließ. Und hier verbinden sich wieder einmal Tourismus- und Technikgeschichte. Denn die ersten Betreiber von Hotels und Gasthöfen, von Kaffeehäusern und Jausenstationen waren auch unermüdlich hinter dem Ausbau der Eisenbahn- und Omnibuslinien (auch wenn sie zunächst nur pferdebespannte Stellwagen waren) her – und Pioniere wie der Grundlseer Gastwirt Albin Schraml ließen eine Badeanstalt errichten und 1879 ein Dampfschiff an den Grundlsee (den der fast vergessene Josef Viktor von Scheffel einst als „steirisches Meer" besungen hatte) transportieren, was wiederum für das heutige Schifffahrtsunternehmen Anlass wäre, schön langsam über die Feiern zum 130. Geburtstag der Grundlsee-Schifffahrt nachzudenken.

Der Wiener Dichter Peter Altenberg, auch einer der langjährigen Sommergäste im Salzkammergut, hat seine Aufmerksamkeit gern dem scheinbar Unbedeutenden gewidmet. Und so kamen auch die Bootsstege zu literarischen Ehren: „Ich liebe die Landungsstege der Dampfschiffe an den Salzkammergut-Seen ... Sie sind mir so ein Wahrzeichen von Sommerfreiheit, Sommerfrieden, und sie duften wie von jahrelang eingesogenem Sonnenbrande ..." Aber am berührendsten ist wohl jene Stelle aus einem Brief Hugo von Hofmannsthals an Helene von Nostiz, geschrieben am 25. August 1912: „Ich liebe diese Landschaft so sehr, je älter ich werde, desto reicher wird sie mir, bin ich einmal ganz alt, so steigen mir wohl aus den Bächen, den Seen und den Wäldern die Kinderjahre wieder hervor ..."

Das Wort soll zum Abschluss nochmals der Erzherzog Johann haben, den die Bewohner von Stainz nach den Revolutionswirren von 1848 zum Bürgermeister gewählt haben. Er wolle, schrieb er ihnen nach der Wahl, gemeinsam mit seinen Wählern „durch einträchtiges Zusammenwirken, durch Treue und Ordnung jenen Frieden erreichen, ohne welchen nichts gedeiht für Euer und des lieben Vaterlandes Wohl". Ein Satz, der wohl in alle Politiker-Stammbücher geschrieben gehörte.

142 Die Riegersburg

ist eine der bedeutendsten Grenzburgen der Steiermark und zugleich Denkmal für Elisabeth von Galler,
eine tatkräftige und energische Frau, die die Riegersburg im 17. Jahrhundert weiter ausbauen ließ.
Als „schlimme Liesel" ist sie in die Landesgeschichte eingegangen.

143 Oststeiermark
Das oststeirische Hügelland um die Stadt Hartberg ist ein wirtschaftliches Zentrum,
wo schon die Römer Landwirtschaft betrieben.

144 Stift Vorau
im steirischen Joglland, ein 1163 gegründetes Augustiner-Chorherrenstift, dessen Bibliothek eine wahre Schatzkammer des Geistes ist und neben 40 000 Büchern auch kostbare Handschriften aufbewahrt.

145 Leoben

ist ein altes Zentrum der Eisenindustrie an der Mur und beherbergt die angesehene Montan-universität, deren Absolventen in aller Welt begehrt sind.

146 Der Erzberg

ist das Sinnbild steirischen Eisens. Auch wenn der über Terrassen im Tagbau durchgeführte Abbau des erzhaltigen Gesteins heute nicht mehr wirtschaftlich ist, so hat die ihm von Menschenhand gegebene eigenartige Form die Landschaft um das Städtchen Eisenerz für immer geprägt.

147 Satellitenanlage bei Aflenz
Die 1980 fertiggestellte, nach Plänen von Gustav Peichl errichtete Erdfunkstelle bei Aflenz erinnert an einen Sciencefiction-Film. Sie verbindet Österreich über modernste Kommunikationstechnik mit der Welt.

148 Die Burg Strechau
bei Rottenmann sicherte die wichtige Straßenverbindung nach Innerösterreich und in den Süden und war zugleich Schlüssel zum Ennstal.

149 Ennstaler Alpen
Hochtor, Planspitze und Reichenstein – drei klassische Kletterberge im Gesäuse.

150 Der Altausseersee (im Vordergrund) zwischen Loser (links) und Trisselwand (Bildmitte), im Hintergrund der Grundlsee, dahinter, fast nicht mehr zu sehen, liegen der Toplitz- und der Kammersee.

151 Schladminger Tauern
Die höchsten Gipfel durchstoßen die Wolkendecke.

Burgenland

An Kraft und Treue allen gleich, Du jüngstes Kind von Österreich", heißt es in der burgenländischen Landeshymne – 1935 reimte man noch mit jenem Pathos, das aus dem Mund der Landeskinder immer etwas gezwungen und daher befremdlich klingt. Aber nun hatte das Burgenland alles, was ein Land an Äußerlichkeiten braucht: Eisenstadt als Hauptstadt, weil Ödenburg nach einer Volksabstimmung ungarisch bleiben musste, eine Hymne, deren Komponist Peter Zauner das musikalische Handwerk immerhin bei Carl Michael Ziehrer gelernt hatte, und ein Wappen in den Farben Rot und Gold (vielleicht eine sagenhafte Erinnerung an das Drachenwappen der Vandalen, die vor bald 2000 Jahren im südlichen Teil des heutigen Burgenlandes zuhause waren), dessen Wappentier wiederum ein Adler ist.

Das Land zwischen der Donau und der Dreiländerecke Österreich-Ungarn-Slowenien hat im südlichen Landesteil zwar eine Kette von Burgen, die Innerösterreich gegen die Türken zu schützen hatten, aber den Namen „Burgenland" verdankt es den ehemaligen westungarischen Komitaten im Königreich des hl. Stephan: Preßburg, Ödenburg, Eisenburg und Wieselburg. Die Grenzziehung nach dem Ersten Weltkrieg hat Preßburg (heute Hauptstadt der Slowakischen Republik) tschechoslowakisch gemacht, Eisenburg wurde als Eisenstadt österreichisch und Landeshauptstadt, nur Ödenburg und Wieselburg blieben bei Ungarn, das heute wieder die Stephanskrone mit dem schiefen Kreuz im Wappen führt.

152 Bergkirche
Die Bergkirche in Eisenstadt ist seit 1820 letzte Ruhestätte des ursprünglich in Wien beigesetzten Komponisten Joseph Haydn. Er ruht heute in einem 1932 von der fürstlichen Familie Esterházy gestifteten Mausoleum.

Viele Jahre führte das Burgenland, dessen Angliederung an Österreich 1921 sogar militärisch durchgesetzt werden musste, ein beschauliches Leben, verschwand zwar während der NS-Zeit von der Landkarte, weil zwischen den Reichsgauen Niederdonau und Steiermark aufgeteilt, bot aber den Besuchern lange eine Idylle wie aus der Zeit der „silbernen" Operettenära. Aber man brauchte nur aufmerksam zu sein.

153 **Eisenstadt** ist seit 1925 Landeshauptstadt des Burgenlandes, des jüngsten der österreichischen Bundesländer. Das klassizistisch umgebaute Schloss der Fürsten Esterházy (im Vordergrund) war durch viele Jahre Wirkungsstätte Joseph Haydns als fürstlicher Kapellmeister.

ie Ruhe des Burgenlandes ist von Abenteuern gesättigt. Nicht nur der Mangel an Ereignissen, sondern eine Fülle von Leben, Hoffen und Sterben ergibt hier den Schwebezustand einer wohlausgewogenen Balance", hat György Sebestyén, ein Ungar, der in Österreich eine neue Heimat gefunden hatte, einmal geschrieben. Grenzland war das Burgenland – als Pannonien – schon für die Römer, Völkerwanderung und die Besiedelung mit Zuwanderern aus dem süddeutschen Raum folgten. Dann kam das Reitervolk aus Asien, von dessen Herrschaftsbereich das heutige Burgenland bis 1921 ein Teil gewesen ist: die Magyaren, deren Frühgeschichte der Wissenschaft noch immer manches Rätsel aufgibt. Aber für den geografischen Raum, dessen größter Teil das Burgenland ist und der nach dem Fall des „Eisernen Vorhanges" wieder zusammenfindet, hat sich im Sprachgebrauch des Alltags der Name der römischen Provinz Pannonien eingebürgert. Ein Raum ohne Grenzen ist das, durchzogen von uralten Verbindungswegen, mit Verwandtschaften und Freund- und Feindschaften über Generationen hinweg, aber auch mit der Missachtung alles Entbehrlichen, „das heißt: die Vergänglichkeit und also – auf längere Sicht – auch die Wirkungslosigkeit der jeweiligen Regierenden erkannt zu haben. Pannonien heißt: die Bestätigung der Poesie durch die Vitalität und zugleich die Verklärung der Lebensfreude durch die Poesie. Menschen, die weder die Euphorie der Sinne noch die Metaphysik der träumenden Seele begreifen, bleiben Fremde" (György Sebestyén).

Grenzland ist das Burgenland und doch ein Land stetigen Wandels, Außengrenze der Europäischen Union, die zu überschreiten nicht jedermann gestattet ist. Schon gar nicht jenen, die für sich nach einem Stück uns längst vertrauten Wohlstands greifen wollen. Die Situation ist paradox: Wo einst eine militärisch gesi-

154 Seebühne Mörbisch
Die Bühne am Seeufer vor den Toren von Mörbisch bietet im Sommer unverfälschten Operettenzauber unter freiem Himmel.

cherte Sperrlinie jeden Wechsel von drüben nach hüben verhindern sollte, breitet sich nach dem Abbau all dieser unmenschlichen Verhaue und Techniken wieder friedliche Natur aus. Dafür müssen nun auf unserer Seite der Grenze junge Männer in Uniform illegale Grenzgänger aufspüren und den Behörden übergeben. So haben sich die Burgenländer, die übrigens mit dem höchsten Stimmenprozentsatz aller Bundesländer den Beitritt zur EU befürworteten, den Alltag als Mitglied wohl nicht vorgestellt. Im alten Grenzland nimmt man aber auch dies gelassen hin – den ständigen Wandel an der Oberfläche kennt man ja.

155 Der Neusiedler See,
der überwiegend zu Österreich gehört, ist der größte westliche Steppensee Europas. Sein Schilfgürtel ist Lebensraum für mehr als 250 zum Teil bereits seltene Vogelarten, im See leben trotz seiner geringen Tiefe 30 Fischarten.

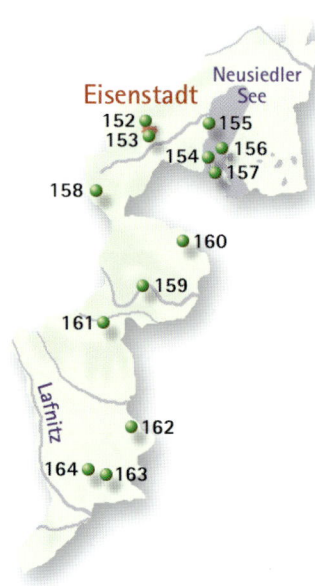

Eisenstadt
Neusiedler See
152
153
154
155
156
157
158
160
159
161
Lafnitz
162
164
163

Im Burgenland von heute fließen viele Kulturen zusammen, und die kann man im Umgang mit den Bewohnern herausspüren. Wer sich auf viele Herren und durchziehende Völkerschaften einstellen muss, der wird aufmerksam und bedächtig zugleich, ob er nun Deutsch, Kroatisch oder Ungarisch als Muttersprache hat. Die kleinen Volksgruppen gehen ja keineswegs unter in der Masse des Mehrheitsvolkes, es sind nicht nur mehr die alten Leute, die, wenn sie unter sich sind, noch die alte Sprache sprechen. Es ist die Jugend, die ihr Selbstbewusstsein zeigt und alle Überlieferungen in die Gegenwart rettet und in die Zukunft mitnimmt. Das Burgenland war, anders als andere Länder an Sprach- und Kulturgrenzen, nie ein Land des Volkstumskampfes, und so leben heute die Volksgruppen beispielhaft friedlich miteinander. Nicht mehr freilich gibt es den jüdischen Anteil an der burgenländischen Bevölkerung, und auch die Integration der Roma wird endgültig wohl erst von der kommenden Generation erreicht werden.

Hat man im Burgenland ein anderes Tempo, ein anderes Zeitgefühl? Spiegelt sich darin uraltes Wissen um die Vergänglichkeit jedes Wandels an der Oberfläche? Dort gemachte Erfahrung, so György Sebestyén, „lehrt, kühne Hoffnungen prüfend zu bedenken, aber auf Träume zu achten". Die nicht eben wohlhabende deutsche Volksgruppe in Westungarn hatte sich nach dem Zerfall der Donaumonarchie für Österreich, nicht etwa für den Verbleib bei Ungarn entschieden. Kühne Hoffnungen mögen da wohl nicht mitgespielt haben, zu beachtende Träume schon eher. Und die jüngste Geschichte hat ihnen bestätigt, die richtige Wahl getroffen zu haben. Man sollte ihnen weder ihre Träume noch ihre Treue mit billigen Witzen vergelten, sondern daran denken, wie viele Gesichter dieses Land haben und zeigen kann. Und wie eisern die im Pendler-Alltag scheinbar zer-

156 Ferienhütten bei Mörbisch
Wegen seiner geringen Entfernung von Wien nennt man den Neusiedler See gern „das Meer der Wiener". Die vielen Wochenendhäuschen, oft unmittelbar am Rand des Schilfgürtels errichtet, bereiten den Naturschützern allerdings Sorgen.

fallende Gemeinschaft zusammenhält, das ist der Bewunderung wert. Auch hier lebt die uralte Erfahrung des Zusammenhaltens, des sich Zusammenschließens zur Überwindung gemeinsamer Nöte und Probleme. Klischees aus künstlicher Pusztaromantik vermögen daran nichts zu ändern.

157 Neusiedler See
Die friedliche Ruhe des Sees kann unerfahrene Segler täuschen. Wer mit seinem Boot bei einem der meist plötzlich auftretenden Stürme nicht schnell genug Zuflucht sucht, kann leicht in Seenot geraten.

158 Burg Forchtenstein

Die mächtige Burg auf steilem Dolomitfelsen im
Rosaliengebirge war einst Teil eines Verteidigungssystems gegen die Türken. Den Besuchern werden
unter anderem Waffen und Ausrüstung aus jenen
unruhigen zwei Jahrhunderten gezeigt.

159 Oberloisdorf
Die Gemeinde südlich von Oberpullendorf ist eines der vielen typischen Straßendörfer des Burgenlandes.

160 **Deutschkreutz** – Die alte Marktgemeinde in der Ebene zwischen Ödenburger Gebirge und Kreutzer Wald an der Grenze zu Ungarn. Eine Landschaft, in der der Maler Anton Lehmden daheim ist.

161 Glashütten und Geschriebenstein

unweit von Bernstein: Das Burgenland ist auch Bergland, der Geschriebenstein ist mit 883 m die höchste Erhebung des Landes.

162 **Der Eisenberg im Südburgenland** – Auf mehr als sechs Prozent der landwirtschaftlich genutzten Fläche des Burgenlandes wird Weinbau betrieben. Die Rotweine vom Eisenberg zählen zu den besten des Landes.

163 Güssing
Die kleine Stadt im südlichen Burgenland lässt auch heute noch die mittelalterliche Verteidigungsanlage rund um die Burg
erkennen, die ihren militärischen Wert in den vielen Grenzkämpfen durch die Jahrhunderte immer wieder bewiesen hat.

164 Eisenhüttl

westlich von Güssing ist eines der vielen Pendlerdörfer im Land. Mangels ausreichender Arbeitsplätze,
vor allem in der Industrie und im Baugewerbe, zählte die bisher letzte Volkszählung von 1991 fast 75 000 Auspendler.

Literatur zum Thema (in Auswahl)

Gerd Bacher, Karl Schwarzenberg, Josef Taus (Hrsg.): Standort Österreich. Über Kultur, Wissenschaft und Politik im Wandel, Graz, Wien, Köln 1990.

Richard und Maria Bamberger, Ernst Bruckmüller, Karl Gutkas (Hrsg.): Österreich Lexikon, Wien 1995.

Ernst Bruckmüller, Peter Urbanitsch (Hrsg.): ostarrîchi österreich 996–1996. Katalog der österreichischen Länderausstellung, Horn 1996.

Peter Diem: Die Symbole Österreichs, Wien 1995.

Helmut Eisendle und Helmut Tezak: Die südsteirische Weinstraße, Graz 1984.

Gerhard Fritsch: Moos auf den Steinen, Wien, Darmstadt, Berlin o. J.

Johannes Koren (Hrsg.): Erzherzog Johann und die Steiermark, Graz, Wien, Köln 1995.

Wolfgang Kos, Elke Krasny (Hrsg.): Schreibtisch mit Aussicht – österreichische Schriftsteller auf Sommerfrische, Wien 1995.

Hans Kronberger: Das österreichische Ballonbuch, Wien 1987.

Willy Lorenz: A.E.I.O.U. Allen Ernstes Ist Österreich Unersetzlich, Wien, München 1961.

Lutz Maurer: Aussee bleibt mir das Schönste, Starnberg 1996.

Franz Nabl: Steirische Lebenswanderung, 5. Auflage, Graz, Wien 1950.

Jost Perfahl: Das Glück im Anderswo, München 1991.

Richard G. Plaschka, Gerhard Stourzh, Jan Paul Niederkorn (Hrsg.): Was heißt Österreich? Wien 1995.

Ferdinand von Saar: Wiener Elegien. Band 4 der Sämtlichen Werke, hrsg. von Jakob Minor, Leipzig o. J.

Erich Zöllner: Geschichte Österreichs, Wien 1991.

Für Leser, die sich für die technische Seite der Aufnahmen in unserem Buch interessieren, sind die folgenden Einzelheiten gedacht:

Kameras: Leica R5 und R8
Objektive: Vario Elmar (R1: 3,5/35–70)
Apo Elmarit (R1: 2,8/180)
Belichtungszeiten: 1/250 sek., 1/500 sek.

Hubschrauber sind während des Fluges stärkeren Vibrationen ausgesetzt als Flächenflugzeuge, deshalb ist eine hohe Verschlusszeit notwendig.

Filmmaterial: Kodachrome 64